Alexander Glück

outdoor
KÜCHE

Draußen Kochen
leichtgemacht

pietsch

Bildquelle: e.o. plauen, »Vater und Sohn«, in: Gesamtausgabe Erich Ohser; © Südverlag GmbH, Konstanz, 2000.

Für Laurin, meinen lieben Sohn!

Einbandgestaltung: Sven Rauert
Titelbild: Lars Schneider, Schneider outdoor visions
Bildnachweis: Siehe Seite 174

Eine Haftung des Autors, des *outdoor*-Magazins und seiner Beauftragten sowie des Verlages und seiner Beauftragten für Personen-, Sach- und Vermögensschäden ist ausgeschlossen.

ISBN 978-3-613-50725-8

„*outdoor*"-Bücher in den Paul Pietsch Verlagen
Chefredaktion: Olaf Beck.

Copyright © 2013 by Verlag pietsch, Postfach 103742, 70032 Stuttgart
Ein Unternehmen der Paul Pietsch Verlage GmbH & Co. KG

1. Auflage 2013

Sie finden uns im Internet unter: www.pietsch-verlag.de

Lektorat: Susanne Fischer
Innengestaltung: Petra Pawletko
Druck und Bindung: Senner Druckhaus GmbH, 72622 Nürtingen
Printed in Germany

Inhalt

4   VORWORT

6   EINLEITUNG

13   WAS KOCHEN?

23   WORAUF KOCHEN?

38   EIN FEUER MACHEN

47   KOCHGERÄTE

89   WORIN KOCHEN?

117   KOCHEN MIT SPEZIAL-GERÄTEN

133   SINNVOLLES ZUBEHÖR

141   WASSERVERSORGUNG UNTERWEGS

146   AUFBEWAHRUNG DER AUSSTATTUNG

150   DAS PASSENDE LICHT

163   KOCHEN UNTER BESONDEREN BEDINGUNGEN

174   BEZUGSQUELLEN

Vorwort

Dieses Buch wurde von der Begeisterung darüber inspiriert, wie viele gute Möglichkeiten es gibt, sein Essen auf Feuer oder Glut zuzubereiten. Das Thema ist spannend und ergiebig: Man ist versucht, regelmäßig draußen zu kochen. Und weil das jedesmal anders gestaltet werden kann, wird es auch nie eintönig.

Die wichtigste Erkenntnis machte ich aber erst, als ich mich bereits durch den Stoff durchgearbeitet hatte: Wirkliche Redlichkeit wird beim Kochen im Freien nur erreicht, indem man sich von Entwicklungen wie Umweltzerstörung, industrieller Massentierhaltung und Ressourcenverschwendung abkoppelt. Ich stelle diesen Gedanken an den Anfang des Buchs, weil sich dadurch seine Informationen auf besondere Weise erschließen.

Bei langlebigen Produkten können wir ihre oft sehr weiten Transportwege in Kauf nehmen, wenn sie bei uns nicht hergestellt werden. Bei Verbrauchsmaterial wie Grillkohle sollten wir dies vermeiden. Der Preisunterschied zwischen zweifelhafter Tropenkohle aus Paraguay und hochwertigen Buchenbriketts aus Deutschland ist gering, aber der Unterschied hinsichtlich der Umweltbelastung ist gewaltig. Wir können auf fossilen Brennstoffen kochen, wenn wir nicht auch noch mit dem Auto zum Picknick fahren – aber wir müssen es nicht. Jeder kann weiterdenken und Neues ausprobieren. Im Internet gibt es viele Anleitungen, wie man sich aus ein paar alten Dosen hervorragende Kochgeräte bauen kann. Beim Kauf fertiger Produkte kann man auf die Verwendung von geeigneten langlebigen Materialien achten.

Und wir sollten angesichts der Zeit und Mittel, die wir in die Outdoorküche investieren, nicht im wichtigsten Bereich falsche Kompromisse eingehen: Lebensmittel aus biologischer Landwirtschaft sind nicht nur teurer, sondern wirklich auch besser. Obst und Gemüse, die bei uns angebaut werden können, müssen nicht um die halbe Welt geflogen werden. Wenn Sie hochwertige Produkte aus Ihrer Region kaufen, tun Sie etwas für die Umwelt, für die Wirtschaft, für Ihre Gesundheit und für den besseren Geschmack.

Dieses Buch soll nicht missionieren oder Ihre Entscheidungsfreiheit eingrenzen. Wo es sinnvoll ist, will es Sie zum Nachdenken anregen. Vielleicht gefällt Ihnen ja die Aussicht, gutes Essen weitgehend ohne negative Effekte zubereiten zu können. Wahrscheinlich wird es Ihnen dann auch noch besser schmecken!

Hollabrunn, Ende Dezember 2012
Alexander Glück

Einleitung

>> Wir alle verbringen viel zuviel Zeit in geschlossenen Räumen: Arbeit, Büro, Wohnung – selbst im Auto schotten wir uns von der Umwelt ab <<,

schreibt Michael Frieboese auf seiner Internetseite www.potjiekos.de, mit der er für dreibeinige Eisentöpfe wirbt.

>> Dabei ist es so wichtig, die Natur zu spüren, Wind, Wetter, mal barfuß durch den Wald zu laufen oder eine Nacht im Freien zu verbringen. Und doch zieht es viele von uns immer wieder in die All-inclusive-Hotelbunker. <<

Draußen zu kochen, das ist für die meisten Menschen in unseren Regionen der exklusive Sonderfall, doch schon in den östlichen Randstaaten Europas gehört es zum ganz normalen Alltag, und zwar aus Gründen, die wir in teilweise recht klischeehafter Bewertung mit dem Lebensstandard in Verbindung bringen. In Mitteleuropa haben die guten alten

Töpfe aus gegossenem Eisen den Siegeszug industrieller Massenware und vor allem des Elektroherds nicht überlebt. Dabei kann man darin viel gesünder, schmackhafter, umweltfreundlicher und sparsamer kochen als in der »modernen« Küche. Das Kochen im Freien hat sehr viele Vorteile, und so ist es hoch an der Zeit, darin nicht das Besondere, Seltene zu sehen, das man gerade mal bei einer Gartenfeier macht. Es kann problemlos während des ganzen Jahres gepflegt werden, sogar im Winter, bei Regen oder Wind. Essen zuzubereiten, während man unterwegs ist – sei es auf einer Wanderung, einer Autoreise oder mit dem Zelt –, hat immer einen besonderen Charme und einen tiefen Sinn, der weit über die

Kochen im Freien ist immer ein Erlebnis!

reine Sättigung hinausgeht. Es ist ein zutiefst sozialer, integrativer Vorgang. Und es führt den Menschen an seinen Ausgangspunkt zurück.

Auf einer Wanderung, einem Picknick oder einer Fahrradtour sollte das Gepäck leicht sein, und die Zeit der Rast erlaubt keine mehrstündigen Garzeiten. Aber man schafft gute Momente, wenn man nur ein paar Eier mit Speck in eine Pfanne haut oder sich mit etwas Reisig eine Kanne Tee kocht. Das ist eine Sache von zehn Minuten. Das Kochen ist eine menschliche Grundangelegenheit, und wie die Feuerstelle auch beschaffen sein mag – um sie herum sammelt man sich, schaut sich an, redet und speist miteinander. Das Kochen ist der Kern des Sozialen. Beim Wandern und Zelten, überhaupt auf Reisen, ist das Kochen im Freien oft die einzige Möglichkeit, zu einer warmen Mahlzeit zu kommen. In der geselligen Form des Picknicks hat es großen Erholungswert.

Schnell aufgebaut.
Ein Picknick schafft
besondere Momente.

In bestimmten Kreisen gibt es eine starke Bewegung ins Freie. Outdoor haben insbesondere Städter die Möglichkeit, einen Teil ihrer verschütteten steinzeitlichen Instinkte bei selbstgewählten Abenteuern wiederzuentdecken. Und manch einer stellt sich auf Krisenfälle ein und betreibt Preparedness; für diese Gruppe entstand mit leicht spöttischem Anklang die Bezeichnung *Prepper*.

Die Frage, warum man zum Kochen überhaupt nach draußen geht, kann hundertfach beantwortet werden. Bei der Auswahl des Geräts spielt, wenn man es unterwegs benutzen will, das Gewicht eine wesentliche Rolle. Gegenüber den Freiheiten, die der Garten bietet, ist man auf Reisen, Wanderungen und Touren spürbar eingeschränkt, weshalb dann auch manche Zubereitungsarten wegfallen. Wo aber das Kochgerät mehr oder weniger stationär verbleiben kann, und wenn es im Basislager ist, eignet sich ein größeres System aufgrund seiner Stabilität besser als ein handlicher kleiner Kocher. Ein großer Grill, eine Muurikka oder auch ein großer gegossener Eisenkessel bietet mehr Platz, bessere Möglichkeiten und spürbaren Komfort. Wer seine Gerätschaften mit Bedacht zusammenstellt, um nicht nur stationär auf unterschiedliche Weise kochen, sondern auch für eine Wanderung etwas Passendes auswählen zu können, der ist für jeden Zweck vorbereitet. Wenn dies Fragen hinsichtlich der Aufbewahrung aufwirft, sollten Sie überlegen, wo vielleicht Platz für ein Regal wäre. Ein Kapitel dieses Buchs gibt einige Anregungen für die Planung.

Einleitung

Gerade in den letzten Jahren wurden bekannte Geräte technisch verbessert und historische Zubereitungsarten wiederentdeckt. Die dafür nötigen Dinge wurden populärer und werden inzwischen immer öfter angeboten, was auch Auswirkungen auf die Preise hat. Dabei kamen einige sehr starke Trends auf, vor allem im Zusammenhang mit dem indirekten Grillen, Smoken, Barbecue, heißen Platten und dem Dutch Oven. Für unsere Zwecke wird es immer dann besonders interessant, wenn diese Geräte reisetauglich werden. So gibt es schon die kleinere Reise-Muurikka mit praktischer Transporttasche, und als leichtgewichtige Version der eisernen dreibeini-

gen Kessel solche aus Aluminium mit abschraubbaren Beinen. Bei den Kochgeräten besteht der Trend zur leistungsstarken Kleinigkeit schon lange, und doch werden immer wieder interessante Neuentwicklungen vorgestellt. Zwischen diesen Neuheiten, die selbstverständlich alle zu perfektem Geschmack und hinreißenden Erlebnissen führen sollen, fällt die Wahl schwer, solange man nicht mit den besonderen Eigenschaften der sehr unterschiedlichen Systeme vertraut ist. Neulinge müssen sich mühsam aus kleinen Gebrauchsanleitungen und zweifelhaften Foren zusammenklauben, wie man mit diesen Geräten umgeht und ihre vielfältigen Möglichkeiten voll aus-

Die Vorsorge-Kiste des Verfassers enthält eine ganze Notfallküche.

schöpft. Dieses Handbuch möchte Wanderern, Trekkern, Campern, Picknickern, Reisenden und Radtourenfahrern zeigen, welche Geräte und Verfahren es gibt, um unterwegs ohne große Umstände zu gutem Essen zu kommen. Zweitens wendet es sich an die immer zahlreicher werdenden Angehörigen der Prepper-Szene, an Selbstversorger und Menschen mit Hang zur Unabhängigkeit. Und drittens kann es auch von Leuten genutzt werden, denen die deutlich erweiterten Zubereitungsmöglichkeiten des Draußenkochens aus geschmacklichen oder kulturellen Gründen wichtig sind, also vor allem von Grillfreunden und Anhängern der Erlebnisküche, für die das Zubereiten schon ein Teil des Genusses ist.

Mobile Kochsysteme machen unabhängig und lassen sich auch stationär nutzen.

Bisher gab es keine umfassende Darstellung der verschiedenen Systeme, die einander teilweise sehr gut ergänzen. Hinter jedem System steht eine andere Philosophie, dasselbe Gericht schmeckt je nach verwendetem Zubereitungsgerät völlig verschieden. Nur wenn man die Eigenheiten, Vorzüge und Schwächen der verschiedenen Systeme kennt, kann man sich richtig entscheiden. Das Handbuch will daher zunächst eine Kaufberatung bieten und später als Universalanleitung dienen. Wer möchte, kann mit diesem Buch sein perfektes System finden. Dann entgeht ihm jedoch eine Menge, denn man sollte durchaus die verschiedenen Arten des Draußenkochens ausprobieren und miteinander kombinieren. Erst so entstehen wirklich individuelle Outdoor-Küchen, in denen man seine persönlichen Vorlieben und Ideen umsetzen kann.

Darüber hinaus gibt das Buch einen Überblick über praktische Kocher für den mobilen Gebrauch: Vom klassischen Taschenkocher mit Trockenbrennstoff bis zu den hochmodernen Systemen mit Benzin und Druckflasche werden alle Grundsysteme jeweils mit Vor- und Nachteilen erklärt. Aus naheliegenden Gründen kann dabei nicht jedes einzelne Gerät vorgestellt werden. Sie werden mit den grundlegenden Systemen und ihrer richtigen Handhabung vertraut gemacht – die Gebrauchsanleitungen der Hersteller sollen dadurch nicht ersetzt werden und sind in jedem Fall zurate zu ziehen. Ein paar pfiffige Spezialgeräte runden die Übersicht ab.

Zunächst war geplant, in einem Kapitel dieses Buches die mobilen und in einem anderen die stationären Kochmöglichkeiten vorzustellen. Aber natürlich kann jedes mobile Gerät auch stationär verwendet werden. Nicht selten nimmt man auch ein für den stationären Einsatz gedachtes Gerät auf eine Reise mit. Eine heiß gegossene Pfanne will man ungern auf einer Wanderung mitschleppen, aber wenn man eine Art Basislager errichtet, von dem aus man Wanderungen unternimmt, sieht die Sache schon wieder anders aus. Die Schwergewichte haben auch deshalb ihren Platz in diesem Buch, weil sie sich im Rahmen der Krisenvorsorge hervorragend als Notkochgeräte eignen.

Eigene Erfahrungen und Empfehlungen des Verfassers können den einen oder anderen Denkanstoß geben, dürfen aber nicht als allgemein verbindliches Urteil verstanden werden, denn was dem einen dienlich und sinnvoll erscheint, kann beim anderen – je nach Praxis und Anspruch – durchfallen.

Die Wildnis für jeden Tag: Kochen hinterm Haus.

Wenn in diesem Buch jeweils auch kurz die Geschichte des Geräts vorgestellt wird, werden die Kochsysteme in einen kulturellen und geschichtlichen Zusammenhang gestellt. Die Hauptsache ist aber stets die Erklärung der Eigenschaften und der Benutzungsweise.

Was unterwegs funktioniert, kann auch zuhause seinen Zweck erfüllen. Der Garten im Sommer ist ohne Grill kaum denkbar. Das **stationäre Kochen** hinterm Haus ist in vielen Weltgegenden schon aus Kostengründen Teil des Alltags. Feuer und Kohle zum Kochen zu nutzen, ist die Hohe Schule des Kochens und ermöglicht viel mehr und bessere Arten der Zubereitung. Dadurch bleibt man auch in Übung für Reisen und schafft Unabhängigkeit gegenüber Stromausfall. Um draußen Fleisch zu garen, ist tatsächlich nicht mehr nötig als ein paar glühende Kohlen! Neben dem unmittelbaren Erlebniswert – in diesem Fall unabhängig von einer Reise – bietet es eine Versorgungsalternative, die für mehr Unabhängigkeit sorgt. Die Übergänge zwischen stationärem und mobilem Kochen sind fließend, denn zum stationären Kochen kann man auch die Zubereitung im Rahmen eines Autocampings rechnen, auch wenn es sich dabei streng genommen um mobiles Kochen handelt. Auch ist man geneigt, den Dutch Oven eher zu den stationären Kochgeräten zu rechnen, obwohl er bei den amerikanischen Siedlertrecks und bei der Lewis-Clark-Expedition höchst mobil im Einsatz war. Zum stationären Kochen gehört also alles, was hinterm Haus oder auf einer Reise mit geeigneten Transportmöglichkeiten eingesetzt werden kann.

Beim **Kochen unterwegs** geht es um alle Zubereitungsmöglichkeiten, die auf einer Wanderung möglich sind, während das Kochen auf Autoreisen eher als stationäre Angelegenheit anzusehen ist. Was dazugehört, hängt zum Teil von der Leidensfähigkeit des Wanderers ab. Eine gegossene Standpfanne ist vielen zu schwer, außerdem ist sie unhandlich. Enthusiasten des Leichtgepäcks bringen Kochgeschirr aus Titan eine fast religiöse Verehrung entgegen, der die nicht gerade überragenden wärmephysikalischen Eigenschaften dieses Materials entgegenstehen. Hartanodisiertes Aluminiumgeschirr ist sicher die bessere Wahl, auch wenn wahrscheinlich einige Leser dieser Behauptung widersprechen werden. Natürlich kann jeder selbst entscheiden, welches Kochgeschirr er wirklich sexy findet. Die Spitzenklasse – geschmiedetes und gegossenes Eisen – scheidet aus Gewichtsgründen leider eher aus, deshalb ist es ja so schwierig, eine geeignete Alternative zu finden. Beispielsweise kann man die vielen guten Eigenschaften des mittelalterlichen Grapen (heute unter dem Namen Potjie bekannt) mit tänzerischer Leichtigkeit bis aufs Matterhorn hinauftragen, wenn man sich für die Variante aus Aluminium entscheidet. Dieses Material hat allerdings auch Nachteile, was noch Gegenstand genauerer Betrachtung sein soll.

Das Kochen auf Reisen kann also ganz unterschiedliche Formen annehmen, und dahinter steht jeweils eine bestimmte Auffassung. Es gibt Minimalisten, die kein Gramm mitnehmen, das nicht unbedingt notwendig ist. Es gibt Menschen, die nicht auf einen einzigen Brennstoff angewiesen sein wollen. Dann gibt es solche, die möglichst bodenständig, umweltfreundlich oder sehr traditionell kochen wollen, während es einer anderen Gruppe um die Befriedigung besonderer kulinarischer Ansprüche geht. Natürlich gibt es kein Gerät, das all diese verschiedenen Wünsche bestmöglich erfüllt. Technikliebhaber brauchen andere Geräte als Menschen mit Hang zum Simplen, und schon die Anhänger eines rauchigen Barbecues kommen nicht weit mit einem offenen Grill. Die Vorstellungen und Geschmäcker der Menschen sind eben ganz verschieden, und von ihnen wird die Auswahl der Gerätschaften entscheidend bestimmt.

Kochen in der Natur hat immer einen besonderen Reiz.

Einleitung

Kochen im Notfall bekommt erst dann Bedeutung, wenn wirklich ein Notfall eintritt. Die Wahrscheinlichkeit ist gering. Dennoch ist der Notfall nicht auszuschließen, weshalb eine logistische und gedankliche Vorbereitung darauf anzuraten ist. Eine bunte Szene krisenaffiner Selbstvorbereiter beschäftigt sich bereits mit Lebensmittelbevorratung, alten Techniken des Feuermachens und umfassenden Maßnahmen, mit denen man seine Existenz über den Eintritt extremer Lebensveränderungen hinaus sichern will. Bei aller Hysterie, die in diesen Vorbereitungen gelegentlich mitschwingt, ist es vollkommen vernünftig, sich einmal zu fragen, wie denn die tägliche Lebenswirklichkeit aussehen könnte, wenn infrastrukturelle und logistische Grundlagen unseres Alltags stark eingeschränkt werden oder ganz wegfallen.

Wenn man draußen kocht, weil die bisherigen Möglichkeiten wegfallen, geht es vor allem um die Verwirklichung einer abwechslungsreichen, ausgewogenen Ernährung. Eine **Notfallkochstelle** sollte deshalb alle Zubereitungsarten unterstützen können, nach Möglichkeit mehrere gleichzeitige Kochvorgänge erlauben und leistungsfähig genug für den Dauerbetrieb sein. Vor allem hier stellt sich die Frage nach einem geeigneten Brennstoffvorrat und nach möglichst unabhängigen Nachschubquellen.

Für das Kochen im Notfall können dieselben Systeme weiterbenutzt werden, die man sowieso schon eingerichtet hat, denn niemand wird sich mit den Möglichkeiten des Draußenkochens ausschließlich im Rahmen seiner Notfallvorsorge befassen, ohne es jemals im normalen Alltag auszuprobieren. Falls doch, sollte es reichen, mindestens sechzehn gewöhnliche Ziegelsteine und genügend trockenes Kleinholz zu bevorraten. Damit kann man in kurzer Zeit eine leistungsstarke Notkochstelle einrichten.

➜ ZEHN DINGE, DIE MAN BEIM DRAUSSENKOCHEN BEDENKEN SOLLTE

- Brandgefahr / nur unter Aufsicht
- Streichhölzer oder Feuerzeug
- Brennstoff
- Geeignete Feuerstelle
- Geeignetes Kochgefäß
- Geeignete Lebensmittel
- Wo setzt man sich hin?
- Besteck und Geschirr
- Getränke
- Zeitplanung

Was kochen?

Fleisch

In diesem Buch wird mit dem Oberbegriff »Kochen« jede Art des Garens bezeichnet, auch wenn das Wort im strengen Sinne nur das Garen in Flüssigkeit bezeichnet. Da viele der hier vorgestellten Geräte und Gefäße für verschiedene Garmethoden geeignet sind und man in jedem gewöhnlichen Kochtopf je nach Flüssigkeitsanteil und Hitze kochen, dünsten, schmoren, backen, braten und rösten kann, erscheint die Vereinheitlichung sinnvoll. Sobald Unterscheidungen getroffen werden sollen, werden die engeren Bezeichnungen der jeweiligen Methoden verwendet.

Fleisch steht in allen Formen der Freiluftküche natürlich ganz oben auf dem Speiseplan. Beim Braten und Grillen bringt es unmittelbare Ergebnisse in vergleichsweise kurzer Zeit, es gewinnt fast immer eine irgendwie charaktervolle Form und ist wegen der zubereitungsbedingten Knusprigkeit ausgesprochen schmackhaft. Fleischgerichte vom offenen Feuer führen den Menschen an seine archaischen Wurzeln zurück, ihr Geschmack ist naturnah und sinnlich. Auf die Dauer ist aber eine sehr fleischbetonte Ernährung weder gesund noch befriedigend. Die Möglichkeiten des Draußenkochens lassen auch sehr ausgewogene und gesunde Rezepte zu, in denen Fleisch als wesentlicher Akzent eine prominente Rolle spielt. Für Fleisch eignen sich alle Kochmethoden, die große Hitze bereitstellen können, also Grill und Pfanne, aber auch die gegossenen Deckeltöpfe verschiedener Bauart, in denen das Essen stundenlang gart. Kleine, schwache Kochstellen bewältigen zwar auch Fleisch, kommen dabei aber schnell an ihre Leistungsgrenzen. Geflügel sollte aus hygienischen Gründen höher erhitzt werden. Schweinefleisch sollte man durchgaren, und die lässigen Variationen blutiger Rohheit sollte man sich nur bei Rindersteaks einwandfreier Herkunft erlauben.

Unterwegs stellt sich natürlich die Frage der Haltbarkeit. Innerhalb kurzer Zeiträume kann man Gefriergut in einer Isoliertasche mitnehmen. Für mehrtägige Reisen ist diese Methode nur sehr eingeschränkt brauchbar. Dies gilt übrigens auch für Autokühlschränke, da diese für den zuverlässigen Betrieb permanent Strom benötigen. Fällt die Reise ohnehin in eine kühlere Jahreszeit und ist eine Aufbewahrung ohne Sonneneinstrahlung möglich, kann Frischfleisch durchaus einige Tage ausreichend kühl gehalten werden. Sicherer ist die Mitnahme von bereits konserviertem Fleisch, wie man es in Dosen oder als Wurstwaren bekommt. Es hält sich weitaus länger, aber die Zubereitungsarten sind drastisch

Spareribs vom Grill sind immer ein herzhaftes Gericht.

eingeschränkt. Fleisch ist auch in gefriergetrockneter Form als Zutat von Fertiggerichten erhältlich und stellt dann keine besonderen Ansprüche an die Zubereitung. Sehr sinnvoll ist immer die Mitnahme von Speckwürfeln, weil sie sich recht gut halten und allen Arten von Eintöpfen und Suppen einen interessanteren Geschmack geben.

Generell sollte also mit Frischfleisch nur dann geplant werden, wenn der Zeitraum von der Mitnahme bis zur Zubereitung überschaubar kurz ist. So können Sie etwa auf einer Zeltreise frisches Fleisch problemlos unterwegs in einem Lebensmittelgeschäft besorgen. Bedient man sich dabei einwandfreier Quellen, steht einem die größtmögliche Bandbreite der Zubereitungen zur Verfügung. Daher sollte man solche Beschaffungsmöglichkeiten schon bei der Reiseplanung recherchieren und für widrige Umstände eine Alternative einplanen. Nach wie vor ist Wildfleisch in einigen Teilen Europas radioaktiv belastet. Um sich zu schützen, können Sie die Stücke mit einem Geigerzähler untersuchen.

Fleisch kann mit einfachen Mitteln relativ haltbar gemacht werden. Eine Möglichkeit besteht im Garen. Wer zuhause einen Grill hat, kann geeignete Fleischstücke auch lange unter gelinder Hitzeeinwirkung räuchern. Für den Rauch kann man Späne von Obsthölzern verwenden. Auch die Hölzer, die üblicherweise als Räucherchips erhältlich sind, eignen sich hierfür. Späne, die beim Drechseln naturbelassener Hölzer anfallen, liefern ebenfalls einen hervorragenden Rauch. Zum Räuchern weicht man

eine ausreichende Menge dieser Holzstückchen ein und legt sie nach und nach auf die Glut. Wacholder, Lavendel und andere aromatische Beigaben geben dem Rauch eine spezielle Note. Räuchern kann man zum Beispiel Schinken, Würste und andere Fleischsorten. Hierzu kann man sich von einem Metzger gut beraten lassen. Es gibt zwar spezielle Räucheröfen, doch funktioniert diese Art der Konservierung genauso gut in jedem Grill, den man mit einem Deckel schließen und dessen Temperatur man steuern kann.

Gemüse benötigt vor allem ein geeignetes Kochgefäß, wenn man es in Wasser zubereitet, und deshalb eine Kochstelle, die über einen nicht zu kurzen Zeitraum mittlere Wärmeleistung

Gemüse ist nicht nur als Beilage für die Draußenküche geeignet.

bereitstellen kann. Je nach Rezept kann man es auch auf dem Grill zubereiten. Gemüse mit längerer Kochzeit stellt wegen der Brennstoffzufuhr unter Umständen eine kleine Herausforderung dar. Die dauerhafte, milde Hitze eines Kohlenbetts ist in diesem Zusammenhang am besten geeignet. Problematisch kann es werden, wenn die Hitze zu stark oder unkontrolliert abgegeben wird, da dann gerade empfindliche Gemüse ihre Form verlieren können. Die gesunde, zügige und appetitliche Zubereitung etlicher Zutaten ermöglicht der Wok ebenso wie die Pfanne, und die gegossenen Deckeltöpfe sind sehr gut für alle Gerichte geeignet, in denen Gemüse eine Rolle spielt.

In trockener Form können Sie Gemüse sehr lange aufbewahren. Es überzeugt dann auch durch sein sehr geringes Gewicht. Trockengemüse jeder Art kann mit Wasser schnell wieder genießbar gemacht werden. Doch Gemüse hat noch einen weiteren Vorteil, nämlich den der großen Geschmacksvielfalt. Schon mit einem Tütchen getrockneter Zwiebeln oder Knoblauchsplitter lassen sich viele Mahlzeiten geschmacklich auf Vordermann bringen. Getrocknete Tomaten können unterwegs direkt aus dem Proviant heraus verzehrt werden – eine praktische und sehr aromatische Zwischenmahlzeit. Erbsen, Bohnen und andere stärkereiche Gemüsesorten bilden eine hervorragende Grundlage für sättigende Mahlzeiten, sollten dann aber mit Speckwürfeln interessanter gemacht werden.

Ist frisches Gemüse verfügbar, lassen sich damit viele Gerichte zubereiten. Manches liefert die Umgebung, beispielsweise ein Mais- oder Kürbisfeld auf der Wegstrecke. Ein mittlerer Kürbis ergibt ohne besondere Umstände auch größere Portionen. Auch Kartoffeln sind zuweilen erntereif, wenn man wandert oder zeltet. Man sollte es sich nicht zur Gewohnheit machen, sich grundsätzlich an Äckern zu bedienen. Aber wer es nicht übertreibt, kann auf diese Weise seinen Speiseplan erheblich bereichern und spart eine Menge Gewicht auf dem Weg. Auch diese Versorgungsform sollte schon vor dem Reiseantritt durchdacht werden, damit man nicht unterwegs mit leeren Händen dasteht. Dabei kann die Internetseite www.mundraub.org helfen, deren Betreiber einen verantwortungsvollen Konsum von öffentlichem Obst und Gemüse befürworten. Dabei geht es allerdings nicht um die Übergehung privater Eigentümer, deren Rechte natürlich respektiert werden müssen. Gar keine Bedenken braucht derjenige zu haben, der auf einem bereits abgeernteten Feld noch ein paar Kartoffeln ausgräbt.

Getreide dient einerseits zum Brotbacken, das sowohl im geschlossenen Grill als auch im Dutch Oven hervorragend funktioniert. Es gibt aber auch für die Eisenpfanne sehr gute Möglichkeiten, Brot zu backen. Der Übergang von diesem traditionellen Fladenbrot zur Welt der Crêpes und Omelettes ist – buchstäblich – fließend. In der Pfanne kann auch Kaiserschmarrn zubereitet werden oder Arme Ritter. Für die Zubereitung von Kastenbrot gibt es spezielle Metallformen, auf die hier auch deswegen hingewiesen wird, weil man mit ihnen auch noch andere Speisen zubereiten kann.

Getreide bringt Energie und macht satt.

einsetzen, so etwa Croûtons, Flädle (Flädli, Frittaten), Backerbsen oder dünn geschnittenes und dann getrocknetes Brot. Man kann solche Brotchips zu Suppen und Eintöpfen nehmen oder als Beilage zu gebratenem Fleisch knabbern. Der Vorteil dieses Hartbrots liegt wieder in der guten Haltbarkeit und dem geringen Gewicht. Ein ebenfalls gut haltbares und ernährungsphysiologisch geradezu sensationelles Brot ist der allerdings nicht bei jedem gleichermaßen beliebte Pumpernickel. In Folie eingewickelt, hält sich dieses urtümliche Brot sehr lange, dabei bleibt es immer frisch. Es liefert Energie für einen langen Zeitraum und eignet sich aufgrund seiner würzigen Geschmacksnote sehr gut für die meisten Gerichte, die man draußen zubereitet.

Umgekehrt kann man fürs Brotbacken auch auf bereits vorhandene andere Geräte zurückgreifen. Wer so eine Form ausprobieren möchte, findet Bezugsquellen hinten im Buch. Unterwegs wird man Getreide nicht zu Mehl verarbeiten können, also wird man die gewünschten Zutaten mitnehmen. Das ist insofern ökonomisch, als diese Form von Proviant sehr ergiebig ist. Anstelle eines Brotes kann man also zwei Packungen Brotbackmischung einpacken und sich das Wasser an einer Quelle besorgen. Ein nicht unwesentlicher Vorzug dieser Methode liegt in der ofenwarmen Frische des dann unterwegs gebackenen Brotes. Doch auch fertige Backwaren lassen sich hervorragend unterwegs beim Kochen

Ein Brot, das man auch unterwegs problemlos zubereiten kann, ist die Matze, ein dünnes, ungesäuertes Fladenbrot, das in der jüdischen Kultur eine wichtige Rolle spielt, weil es an den Auszug aus Ägypten erinnert. Die Zubereitung ist sehr einfach: Man mischt Getreidemehl mit Wasser zu einem eher dünnen Teig und backt ihn vorsichtig in der Pfanne. Matze schmeckt neutral, kann also gut mit eher kräftigen Lebensmitteln wie Kochschinken oder Bergkäse belegt oder einfach mit frischer Butter und etwas Salz verfeinert werden. Nach den religiösen Vorschriften darf die Herstellung nicht länger als achtzehn Minuten dauern, was auf jeder Wanderrast leicht zu schaffen ist. Dieses einfachste aller Brote kann nicht nur schnell und leicht zubereitet werden, sondern ist auch extrem lange haltbar und deshalb eine hervorragende Verpflegung für unterwegs.

Getreide

Getreide ist aber auch noch in anderer Gestalt von Bedeutung, nämlich als Nudeln und Teigwaren sowie als gekochter Brei. Für deren Zubereitung braucht man eine Kochmöglichkeit, die mittlere Hitze länger als ein paar Minuten bereitstellt. Es reicht dann jeder Reisekocher, auch über dem Kamin des Kelly Kettle kann man ein Fadennudelgericht schnell und gut kochen. Hinsichtlich der Ansprüche an die Kochstelle sind Nudeln und Teigwaren die dankbarsten Zutaten für die Freiluftküche, denn sie brauchen keine große Hitze und sind schnell gar. Und da sie in Trockenform zur Verfügung stehen, sind sie leicht mitzunehmen und verderben nicht so schnell. Als Zutat in Auflauf- und Eintopfgerichten können sie eine Viertelstunde vor Ende der Garzeit trocken untergerührt werden und nehmen dann einen Teil der Flüssigkeit in sich auf. Wenn der Saft zu diesem Zeitpunkt bereits reduziert ist, sollte eine angemessene Menge Flüssigkeit zugefügt werden.

Wenn es schnell gehen oder das Gepäckgewicht möglichst gering sein soll, bietet sich auf Wanderungen und kurzen Expeditionen das **Fertigessen** an. Vor allem die Nudel-Schnellgerichte verschiedener Hersteller lassen sich schnell und einfach zu einer kleinen Mahlzeit aufquellen. Normalerweise benötigt man dafür nur etwas kochendes Wasser. Die Zubereitung kann im kleinen Topf auf einer geeigneten Flamme erfolgen, auch lassen sich manche Portionspackungen direkt im Beutel mit kochendem Wasser aufgießen und machen dadurch die Mitnahme von Geschirr unnötig. Wenn es nicht so darauf ankommt, kann man sich problemlos mit ein paar asiatischen Nudelpäckchen, denen gleich die passenden Gewürzmischungen beiliegen, über einen Wanderausflug helfen. Bei längeren Selbstversorgungsreisen, wenn auch die geschmackliche Abwechslung wichtig ist und man auf die Qualität seiner Ernährung achten sollte, wird man sich lieber mit professioneller Fertignahrung ausrüsten.

Ein hochklassiges Produkt dieser Art ist unter der Bezeichnung **Trek'n Eat** erhältlich. Es handelt sich dabei um gefriergetrocknete Spezialnahrung in portionierten Fertiggerichten. Man füllt die geöffnete Packung bis zu einer Markierung mit kochendem Wasser, gibt der Sache etwa zehn Minuten zum Ziehen und hat dann ein ordentliches Gericht mit geschmacklicher Abwechslung. Bei der Herstellung werden die Zutaten gefriergetrocknet, also im gefrorenen Zustand unter Vakuum erwärmt. Dadurch sublimiert das Wasser, wobei es vom fes-

Hochwertige Tütengerichte erleichtern das Kochen erheblich.

ten direkt in den gasförmigen Aggregat-zustand übergeht. Das Trockenessen ist sehr leicht, lange haltbar und leicht zu-zubereiten, wobei man auch noch Brennstoff spart. Wenn Essen dieser Art im sportnahen Bereich verwendet wird, spielt das Herstellungsverfahren eine große Rolle. Durch die schonende Ge-friertrocknung bleiben die meisten Vita-mine und Mineralstoffe erhalten. Die Mahlzeiten sind recht kalorienreich, da-für enthalten sie recht geringe Anteile an Geschmacksverstärkern und Aromastof-fen. Die praktische Verpackung in Ein-zelbeuteln ist wasserfest, expeditionssi-cher und tropentauglich. Außerdem sind die Mahlzeiten auch ohne Kühlung sehr lange haltbar.

Fertigsuppe ohne Suppen-pulver: eine Glibbermasse, die sich schnell auflöst und gut schmeckt.

Mit Volleipulver kann man unterwegs einfach Rührei machen. Mit Speckwürfeln ist es etwas appetitlicher.

Fertigessen kann man auch leicht selbst zubereiten, indem man Suppen-pulver, Trockengemüse und Binder (bei-spielsweise Erbswurst) mischt und porti-onsgerecht verpackt. Das richtige Mi-schungsverhältnis kann man experimen-tell ermitteln. »Fertiges« Rührei mit Speck kann man ebenso vorbereiten wie Omelette-Fertigteig mit Milch- und Volleipulver oder einen fertig gemisch-ten Hefeteig für Fladenbrot.

Die **Suppe** ist das beste Beispiel für ein sättigendes Schnellgericht. Im Winter schätzt man sie auch ihrer Wärme-wirkung wegen. Tüten- und Klötzchen-suppen stehen zur eigentlichen Suppe ungefähr in dem Verhältnis, das zwischen MP3-Datei und ursprünglicher Musik-aufnahme intensiv beklagt wird: Es ist irgendwie nicht mehr alles drin, was mal drin war. Bei der Verpulverung geschmackstragender Stoffe müssen

eben Kompromisse eingegangen werden. Hinzu kommt der enorme Zeitbedarf mancher Suppenwürfel, bis sie sich auf-gelöst haben. Einen anderen Weg gehen Suppenhersteller mit Produkten wie »Bouillon pur«. Dabei handelt es sich um eine gallertartige Masse in einem dicht verschlossenen Töpfchen, die sich sehr schnell in heißem Wasser zu einer sehr wohlschmeckenden, kraftvollen Suppe auflöst. Solche Konzentrate gibt es für Rinds-, Hühner- und Gemüsesuppe, sie sind wesentlich praktischer in der Zube-reitung, sparen Zeit und Brennstoff und werden auch gehobenen geschmackli-chen Ansprüchen gerecht. Es soll jedoch nicht verschwiegen werden: Die kon-zentrierte Suppe enthält mit Hefeextrakt natürlich sehr wohl einen, wenn auch versteckten, Geschmacksverstärker mit Glutamat. Wer eine richtige Suppe haben will, der sollte eben ein paar Pfund Fleisch im großen Topf auskochen. Das ist aber keine reelle Option auf einer Wanderung oder einem Autobahnrastplatz.

Auch die traditionsreiche »Erbswurst« stellt keine gleichwertige Alternative dar. Die Rolle enthält eine Reihe kreideartiger, komprimierter Tabletten, die sich mit kochendem Wasser zu einer dicken Erbsensuppe verbinden. Für sich genommen ist das keine sehr attraktive Mahlzeit, aber als Basis für Eintöpfe und viele Arten von Mischgerichten ist sie fast unschlagbar. Sie macht die Mitnahme und Verarbeitung von Erbsen überflüssig und liefert ohne großen Aufwand eine cremig-homogene Erbsenmasse, die sich sehr gut zum Binden eignet. Zusammen mit Speckwürfeln, Wurststücken oder scharf angebratenem Hühnerfleisch wird daraus ein sättigendes und delikates Gericht.

Es gibt natürlich noch einiges mehr, was unter freiem Himmel zubereitet werden kann. Schon ein paar Eier ermöglichen ganz verschiedene Gerichte und lassen sich mit allen Kochmöglichkeiten kombinieren – vom Grillen und Garen in der Glut abgesehen. Rühreimasse ist auch als Pulver erhältlich und kann unterwegs mit etwas Wasser zubereitet werden. Damit lassen sich dann beispielsweise Omelettes backen. Wesentlich bekannter ist das Milchpulver, dessen Qualität inzwischen vergleichbar mit derjenigen von H-Milch ist. Milch ist einerseits wichtig für das Brotbacken, andererseits ist sie die Basis für heißen Kakao und gehört auch zum guten Kaffee.

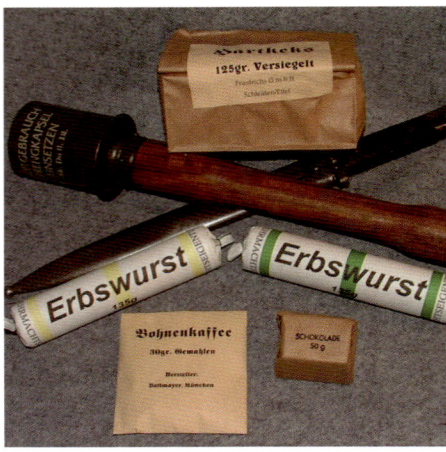

Die Erbswurst ist ein echter Klassiker. Das Komprimat sättigt für viele Stunden.

Pilze können vielen Gerichten interessante geschmackliche Akzente geben, eignen sich als recht wasserhaltige Frischware jedoch nicht unbedingt zum Braten. Das Sammeln wildwachsender Pilze sollten Sie nur dann erwägen, wenn Sie ein gutes Bestimmungsbuch mitgenommen haben oder selbst über ausreichende Erfahrung verfügen, damit Sie keine Giftpilze erwischen. Nach wie vor sind wildwachsende Pilze wie auch Beeren, Fische und Wildfleisch in einigen Teilen Europas radioaktiv belastet. Um sich zu schützen, können Sie Ihre Sammelergebnisse mit einem Geigerzähler untersuchen. Trockenpilze kann man unter enormer Platzersparnis leicht mitnehmen, sie halten viel länger und können vielfältig verwendet werden. Auch sie lassen sich direkt in das Gericht einrühren. Ebenso wie Nudeln bieten sie eine sehr gute Möglichkeit, eine zu dünnflüssige Zubereitung etwas fester zu machen.

Alles, was in Vorratsschrank und Speisekammer steht, kann unter Umständen auch beim Kochen im Freien verarbeitet werden. Besonders interessant sind dabei gefriergetrocknete Lebensmittel, weil sie ohne aufwendige Verpackung wie zum Beispiel Dosen und unter enormer Gewichtsersparnis mitgenommen werden können und sehr lange haltbar sind. Für die Aufschließung benötigt man entsprechend größere Mengen an Trinkwasser. Es ist deshalb wichtig, auf der Reise eine Quelle für sauberes Trinkwasser zu finden. Da dies nicht immer möglich ist, finden Sie weiter hinten im Buch ein eigenes Kapitel zum Thema Wasseraufbereitung.

Für Touren, die länger als zwei Tage dauern, sollte man sich einen richtigen Essensplan zurechtlegen, denn wenn die Strecke mit Muskelkraft bewältigt werden soll, geht es um die Bereitstellung von Energie, Vitaminen und anderen wichtigen Stoffen. Auch wenn man mit dem Auto reist, möchte man über die reine Sättigung hinaus geschmackliche Abwechslung und eine gewisse Ausgewogenheit auf dem Teller haben. Dies ist nur mit Tütensuppe nicht zu schaffen. Schon wegen der Vitamine, aber auch wegen der geschmacklichen Variationsbreite sollte dann unbedingt viel mit getrocknetem Gemüse gearbeitet werden. Die zweite wesentliche Proviantgruppe besteht aus Brot und Teigwaren, erst dann kann über Fleisch nachgedacht werden. Was genau und welche Menge davon mitzunehmen ist, hängt nicht nur von der Reisedauer ab, sondern auch von der Zielgegend, vom Ausmaß der körperlichen Betätigung, von der Konstitution der Reisenden und nicht zuletzt von geschmacklichen Vorlieben. Daher kann man keine allgemeingültigen Regeln aufstellen.

Entscheidend ist aber eins: Für die Aufschließung von Trockenzutaten braucht man Wasser, und wenn man davon nicht genug mitnimmt oder am Zielort vorfindet, kann man diese Lebensmittel nicht zubereiten. Für diesen Fall ist es besonders wichtig, einen »Plan B« zu haben. Insofern sollte man immer an eine Beschaffungsmöglichkeit für Lebensmittel denken, die nicht erst mit Wasser zubereitet werden müssen.

Für den Transport trockener Lebensmittel eignen sich alle Gefäße, die gut schließen. Auch Frischhaltebeutel sind gut geeignet, zumal ihr Gewicht gering ist und sie nach Verwendung sehr klein zusammengefaltet werden können. Für verderbliche Lebensmittel können ebenfalls Frischhaltebeutel verwendet werden, die dann jedoch mit einer kühlenden Umhüllung versehen werden sollten. Auch Frischhaltedosen mit Silikondeckeln sind sehr brauchbar. Sie schützen empfindliche Lebensmittel von dem Zerbröseln. Flüssige Lebensmittel werden am besten in Flaschen transportiert. Anstelle der teuren Metallflaschen eignen sich dafür insbesondere PET-Getränkeflaschen, in denen Mineralwasser, Limonaden und andere Getränke verkauft werden. Es gibt sie in verschiedenen Größen, sie sind sehr robust, dabei besonders leicht und billig. Und sie bieten einen besonderen Nebennutzen, weil sie sich für die Trinkwasseraufbereitung eignen: Wasser aus Quellen oder

Beeren

Bächen kann man mit diesen Flaschen dem UV-Licht der Sonne aussetzen und damit innerhalb einiger Stunden keimfrei machen.

Wie bereits erwähnt, kann man seinen Proviant auch unterwegs gut ergänzen. Im Spätsommer und Herbst reicht eine Rast unter einem Apfelbaum, um satt zu werden und sich noch etwas für den Weg einzupacken. Vor allem wird man in dieser Zeit also auf Obst und Gemüse achten. Auch Futterrüben, die man leicht auf Äckern finden kann, sind genießbar. Das Sammeln von Kräutern bringt für Nahrungszwecke eher wenig, denn es macht viel Aufwand bei geringem Ertrag. Eher geeignet sind Beeren, hier vor allem die bestens bekannten Him-, Brom- und Heidelbeeren. Mit dem enthaltenen Fruchtzucker liefern sie einen guten Energieträger und sind zugleich recht erfrischend.

Auch das wilde Angeln eignet sich nicht so sehr zur Ergänzung des Proviants, da man nicht nur für das Angeln selbst einige Zeit benötigt, sondern auch für das Ausnehmen des Tiers und die Zubereitung. Wanderfreunde, die keinen Angelschein haben, sollten auf diese Form der Essensbeschaffung verzichten. Anders verhält es sich, wenn man etwas von der Sache versteht und darüber hinaus sicher sein kann, am erlaubten Ort zu angeln. Nach wie vor sind Fische in einigen Teilen Europas radioaktiv belastet. Um sich zu schützen, können Sie sie mit einem Geigerzähler untersuchen. Auch das Pilzesammeln verlangt Fachwissen. Bei einem Fehlgriff unterwegs ist möglicherweise der genaue Standort unbekannt oder man hat nicht einmal Empfang mit dem Mobiltelefon, um schnell Hilfe zu rufen. Wer unsicher ist, sollte deshalb auch auf das Pilzesammeln völlig verzichten.

Eine sehr gute und meistens zuverlässige Möglichkeit zur Proviantergänzung bietet der örtliche Lebensmittelhandel. Auch die Einkehr beim Bauern ist nach wie vor nicht unüblich und kann allemal zu Milch, Brot und Käse verhelfen.

Heidelbeere.

Himbeere.

Worauf kochen?

Spiritus darf nie ins Feuer gegossen werden!

HOLZ

Zunächst ein paar Worte über die **Brennstoffe**. Der Energieträger schlechthin ist das Holz. Es ist überall in ausreichender Menge kostenlos verfügbar, verbrennt klimaneutral, sparsam und angenehm. Kein Feuer ist romantischer als eines aus Holz – es hat in jeder Erscheinungsform einen eigenen Charakter: das solide Lagerfeuer aus armdicken Buchenscheiten genauso wie das Verbrennen fingerdicker Äste im Rocket Stove. Holz enthält jedoch eine Menge natürlicher Substanzen, die beim Abbrennen Rauch und auf der Geschirrwand Ruß erzeugen, es verbrennt also nicht so sauber wie etwa Kohle. Holz eignet sich natürlich vor allem für eine Feuerstelle und im Verlauf des Abbrands für die Erzeugung von Glut. In Form von Holzpellets steht es sozusagen »flüssig« zur Verfügung und kann bequem in einem Brennkorb oder in bestimmten Reisekochern abgebrannt werden, wo es ein romantisches, aber gut kontrollierbares kleines Feuer mit starker Glutbildung liefert.

Holz ist nicht nur ein umweltfreundlicher Brennstoff, sondern verbreitet auch sofort gemütliche Atmosphäre.

Will man unterwegs mit Holz kochen, geht dies nur durch direkte Verbrennung, womit Einschränkungen und Gefahren verbunden sind. Offenes Feuer ist nicht überall erlaubt. Abhilfe schaffen unter Umständen kleine Kochgeräte, in denen das abbrennende Holz recht sicher eingeschlossen ist. Wenn ihre Konstruktion einen starken Kamineffekt bewirkt, verbrennt das Material deutlich sauberer, schneller und heißer. Zu den teilweise sehr durchdachten Kochgeräten, die mit Holz betrieben werden, gehören Holzvergaserkocher, Hobo-Kocher, Feuerkisten und Rocket Stoves, die es von verschiedenen Herstellern und in verschiedenen Größen (und Qualitäten) zu kaufen gibt. Wegen der breiten Verfügbarkeit von Holz an fast jedem Ort braucht man für den Betrieb solcher Kocher keine eigenen Brennstoffe herumzutragen.

Ein Wort zu den verschiedenen Holzarten: Weiches Nadelholz, beispielsweise Fichte, Tanne, Lärche oder Kiefer, brennt sehr schnell an und eignet sich deshalb gut als Anzünder. Es bringt bald recht hohe Flammen und gibt viel Hitze ab. Weil man diese durch das Auflegen oder Wegnehmen einzelner Scheite gut regulieren kann, eignet sich solches Holz gut für das schnelle Kochen. Dafür hält die Wärmeabgabe auch nicht besonders lange an, und wir erhalten fast kein Glutbett. Aufgrund des Harzgehalts kann es zu starken Funken kommen, die mit lautem Knallen wegschießen. Etwas mehr Glut bei ebenfalls hoher Wärmeabgabe liefert weiches Laubholz, etwa das der Birke. Hartes Laubholz wie Buche, Eiche, Ulme oder Esche bringt das beste Glutbett und brennt auch deutlich länger. Für alle Kochzwecke, bei denen es auf mäßige, langdauernde Hitze ankommt, eignet sich solches Holz am besten. Da es jedoch schwerer zu entzünden ist, sollte zu Beginn mit Weichholz gearbeitet werden. Für die Wahl des Holzes braucht man nicht die Baumarten zu kennen; es reicht, wenn man das Holz nach den Kategorien Laubholz/Nadelholz und Hartholz/Weichholz unterscheiden kann. Hartholz ist natürlich schwerer. Jedes verwendete Holz sollte möglichst trocken sein, weil es dann mehr Hitze und weniger Rauch abgibt.

HOLZKOHLE

Energiereicher, sauberer und praktischer als Holz ist die Holzkohle oder auch **Grillkohle**. Man kann sie schnell entzünden, und sie bringt im Vergleich zu Grillbriketts größere Hitze, die jedoch nicht so lange vorhält. Im Grill ist sie für alles gut geeignet, was schnell und kurz gegart wird. Will man mit Topf oder Pfanne über Kohle braten, ist die Grillkohle aufgrund ihrer stärkeren Wärmeabgabe von Vorteil. Teilweise sind die Kohlenstücke von sehr unterschiedlicher Größe, was zu einem sehr ungleichmäßigen Glutbett führt. Für den Dutch Oven eignet sich Glut aus einem heruntergebrannten Kochfeuer ebenso wie Grillkohle nur bedingt. Die stärkere Hitze kann man abschwächen, indem man weniger Kohle auflegt. Da sie jedoch schnell wegglüht, sollte man dabeibleiben und öfter nachlegen, denn wenn man den Kohlennachschub jeweils neu anzuzünden hat, wird es schnell umständlich.

Beim Kohlenkauf sollte man Umweltaspekte berücksichtigen.

Als Beigabe zu Verbrennungskochern wie dem Hobo-Kocher oder dem Rocket Stove kann Kohle sinnvoll eingesetzt werden, um eine im Vergleich zu Trockenholz mäßigere und dafür länger anhaltende Wärmeabgabe zu erzielen. Dazu wird die Kohle während des Betriebs in kleinen Portionen von oben in die Flamme geworfen. Dabei darf nicht zu viel Kohlenstaub freigesetzt werden, weil dieser sich in der Flamme entzünden würde. Kohlenfeuer gibt fast keinen Ruß ab, weil die rußverursachenden Stoffe bereits bei der Herstellung ausgetrieben wurden. Holzkohle kann man übrigens nicht durch Sandzuschlag strecken, wie dies bei billigen Grillbriketts öfter gemacht wird.

Holzkohle

An sich ist das **Grillbrikett** die gleichmäßigere und besser dosierbare Form der Kohle. Leider werden die komprimierten Stücke in sehr unterschiedlicher Zusammensetzung und Qualität angeboten. Niedrigere Einkaufspreise bringen fast immer obskure Beimischungen und unangenehm riechenden Rauch mit sich. Wer hier teuer kauft, bezahlt nicht nur den Markennamen, sondern bekommt oft bessere, vor allem gleichbleibende Qualität, statt Sand kauft er mehr Kohle.

Für besondere Rezepte, bei denen alles stimmen soll, lohnt sich daher die Wahl der teureren Markenware. Für alltägliche Zwecke kann man mit günstigeren Briketts aus dem Baumarkt arbeiten, allerdings sollte man stark qualmende, unangenehm riechende Grillbriketts nicht unbedingt fürs geschlossene Grillen benutzen, da sich die in ihnen enthaltenen Stoffe und Gerüche sonst zu sehr auf das Grillgut niederschlagen. Bei einem Brikett-Fehlkauf kauft man also einfach noch einen anderen Sack und verwendet dann die besseren Briketts für alle Zwecke mit direktem Lebensmittelkontakt und die weniger guten überall dort, wo zwischen Glut und Essen eine Barriere liegt, idealerweise der Deckel eines Gefäßes.

Ein echter Falschkauf sind auch Grillbriketts mit einer besonders langen Brenndauer von etwa vier Stunden. Diese Briketts bestehen aus sehr fest komprimiertem Kohlenstoff mineralischen Ursprungs. Sie gehören also zu den fossilen Energieträgern und sind deshalb nicht CO_2-neutral. Die sehr lange Brenndauer und ein voraussichtlich sehr geringer Ascheanteil machen sie zwar attraktiv, aber wenn man den Umweltaspekt berücksichtigt, sollte man in den seltenen Fällen, in denen man die Hitze so lange benötigt, lieber einmal nachlegen. Nicht wenige Grillbriketts werden übrigens aus Braunkohle hergestellt, sie enthalten also ebenfalls fossilen Brennstoff. Aber auch wenn die Briketts aus neu gewachsenem Holz erzeugt werden, sollte man sehr genau darauf achten, was man kauft. In Deutschland werden jährlich annähernd 180.000 Tonnen Holzkohle auf die Griller gelegt, hauptsächlich aus Paraguay und Argentinien, aber auch aus afrikanischen und asiatischen Ländern. Lediglich 2 % der Holzkohle kommen aus heimischer Produktion, zehn von sechzehn Sorten stammen aus tropischen Regionen. Bei billigen Produkten und solchen aus Südamerika ist das fast immer der Fall. Zudem sind die Produktionsbedingungen dort zu beanstanden, da oft Kinder im Alter von ca. zehn Jahren in der Köhlerei arbeiten müssen. Auch Profi-Kohle aus Quebracho-Holz hat keine gute Umweltbilanz, obwohl sie nicht aus den Regenwäldern kommt. Der Transport von Südamerika nach Europa verbraucht große Mengen fossiler Energieträger. Betrachtet man Produktion und Transport zusammen, »schluckt« dieser Brennstoff ein Vielfaches der Energie, die er dann auf dem Grill abgibt! Es ist wichtig, bei der Wahl von Grillkohle die Umweltaspekte ihres Gesamtenergieumsatzes zu berücksichtigen.

Für die Verwendung mit dem Dutch Oven wird oft die Stückzahl der aufzulegenden Briketts angegeben, was die richtige Mengenbemessung sehr erleichtert. Grillbriketts brauchen länger, bis sie richtig glühen, dafür bieten sie eine längere Betriebsdauer, die im Normalfall auch für ambitionierte Rezepte ausreicht. Ein Anzündkamin erleichtert ihre Verwendung. In diesen füllt man die gewünschte Menge Briketts, entzündet unter ihnen ein kleines Papierfeuer oder zwei Blatt Wachspapier und hat nach etwa 15 Minuten gut glühende Briketts.

Beim Kauf von Grillkohle sollte man unbedingt auf das FSC-Siegel achten. Eine Hilfe bietet die Produktdatenbank von www.fsc-deutschland.de. Werbeaufschriften wie »Ohne Tropenholz« entsprechen im Regelfall nicht der Wahrheit. Kokoskohle wäre an sich nicht schlecht, aber auch sie reist ganz schön weit, bis sie auf dem Grill liegt. Auf der sicheren Seite ist man, wenn man sich für in Europa hergestellte Kohle aus Buchenholz entscheidet. Zwei sehr gute Markenprodukte bietet die Firma **Profagus** mit Holzkohle und den Grillbriketts **Grillis** aus reinem heimischen Buchenholz an.

Das FSC-Siegel gibt Sicherheit beim Kohlenkauf.

Besitzer einer Pelletsheizung, eines Grills oder einer der vielen hier beschriebenen Kochstellen kommen schnell auf die Idee, die anfallende Asche als natürlichen und wertvollen Bodenverbesserer in den Garten zu streuen. Die unbrennbaren Reste der genannten Brennstoffe gelten traditionell als guter Dünger, aber **Asche im Garten** kann heute in erheblichem Umfang zur Belastung mit Schwermetallen führen. Brennholz enthält relativ hohe Mengen an Schwermetallen, auch wenn es nicht im städtischen oder industriellen Umland gewachsen ist. Die Konzentration dieser Stoffe in der Asche ist dramatisch höher als im Holz. Giftige Stoffe, die in den Boden gelangen, können dort lange Zeit verbleiben. Aus den genannten Gründen sollte also völlig darauf verzichtet werden, Asche in den Garten zu streuen.

ESBIT

»Erich Schumms Brennstoff in Tablettenform«, abgekürzt Esbit, gibt es seit 1936, sein Erfinder ist übrigens auch als Vater der Fliegenklatsche in die Geschichte eingegangen. Esbit-Tabletten haben sich überall da bewährt, wo man keine geeigneten anderen Brennstoffe zur Hand hatte. Sie brennen zuverlässig, liefern jedoch im Vergleich zu anderen Energieträgern eine eher mäßige, nicht besonders lange anhaltende Flamme. Zum Erhitzen von Fertiggerichten, aber auch zum Würstchenbraten eignen sich die weißen Klötze hervorragend. Inzwischen sind sie bei ihren Anhängern zum Kult-Brennstoff avanciert und werden

Esbit

von anderen eher belächelt. Das Kochen auf Esbit ist eben auch eine Sache der Anschauung. Weil der Brennstoff leicht transportierbar und praktisch in der Anwendung ist, kann man ihn unterwegs auf jeden Fall gut verwenden. Der Hersteller hat in vielen Jahrzehnten immer wieder neue Anwendungsideen ersonnen, beispielsweise einen sehr solide gefertigten Hockerkocher aus Stahlblech, in dem ein großer Esbit-Riegel von einer Feder automatisch an die Flamme geschoben wird. Die im Militärgebrauch sehr populären Taschenkocher sind geradezu legendär und wurden vielfach kopiert. Sie sind aber nur für die Zubereitung leichter Schnellgerichte brauchbar. Mit einem Kesselgulasch wären sie restlos überfordert.

Der Esbit-Kocher war im Zweiten Weltkrieg wohl nicht ganz der Soldatenkocher, zu dem er stilisiert wurde. Einerseits stand er leistungs- und ausdauermäßig hinter den zeitgenössischen Flüssigbrennstoff-Kochern von Enders, Barthel und anderen Herstellern deutlich zurück, andererseits benötigt er einen speziellen Brennstoff, während andere Kocher mit Kraftstoffen betrieben werden konnten, die im militärischen Bereich ohnehin verfügbar waren. Normalerweise wurden Soldaten sowieso gemeinsam aus der Feldküche verpflegt. Neben den handlichen Kleinkochern für Kraftstoffe standen etwas größere und solider gefertigte »Bunkeröfen« zur Verfügung, die in manchen Ausführungen mit massiven Eisenrosten als Kochfläche, einer stärke-

Der Esbit-Kocher,
ein etwas kraftloser
Klassiker.

ren Handpumpe und einem Tragebügel ausgestattet waren. Die vergleichsweise schwächliche Esbit-Kocherei kam nur als Notlösung, bei Brennstoffmangel, für Mini-Gerichte oder dann in Betracht, wenn der Soldat mehrere Tage lang nur mit seiner persönlichen Ausrüstung auskommen sollte. In solchen Fällen ist die konzentrierte Energie aus den handlichen Tabletten durchaus zweckmäßiger als der Transport von Brennspiritus.

Esbit-Würfel können als alleiniger Brennstoff verwendet werden; wenn die Wärmeabgabe dabei zu gering ist, kann man sie ja etwas großzügiger auflegen. Sie können aber auch, gemischt mit anderen Energieträgern, im Hobo-Kocher verbrannt werden und tragen dort aufgrund des Konvektionseffekts dieses Kochers zu einem sehr energiereichen Feuer bei. Mit passenden Einsätzen kann man aus einem Hobo-Kocher auch einen reinen Esbit-Kocher machen, wenn man nicht sogar den einen in den anderen hineinstellt.

Da echtes Esbit inzwischen recht teuer ist, kann man auf die inhaltsgleichen Fabrikate anderer Hersteller ausweichen, die unter verschiedenen Namen verkauft werden und immer aus Hexamethylentetramin (Urotropin) oder Metaldehyd bestehen. In Tschechien werden runde oder eckige Tabletten in kleinen Eimern für geringes Geld verkauft.

Esbit	
Eigenschaften	Schneller, aber nicht sehr kräftiger Brennstoff, einfach in der Anwendung und bei trockener Lagerung sehr lange haltbar.
Vorteile	Festbrennstoffe sind relativ ungefährlich. Gut geeignet für punktgenauen Kochereinsatz: schnell an und schnell wieder aus.
Nachteile	Für häufigere Anwendungen braucht man entsprechend viel Brennstoff. Nicht sehr leistungsfähig.
Einsetzbar für folgende Systeme	Esbit-Kocher, Hobo-Kocher, als Beigabe im Rocket Stove, als Anzünder für Grill und Holzkohle.
⚠️ **Vorsichtsmaßregeln**	Aufgrund der Freisetzung geringer Mengen von Blausäure bei nicht ausreichender Luftzufuhr sollte auf den Gebrauch dieses Brennstoffs in ungelüfteten Räumen verzichtet werden. Metaldehyd sollte nicht verwendet werden, weil es gesundheitsschädlich ist.

HARTSPIRITUS

Unter Umständen kann es hilfreich sein, einen dem Esbit entfernt ähnlichen festen Brennstoff auf Spiritusbasis selbst herzustellen, den sogenannten Hartspiritus. Besonders viel Energie setzt diese wachsartige Masse nicht frei, sie kann jedoch als Anzünder gute Dienste leisten. Weil sie empfindlich gegenüber Feuchtigkeit ist und sich der darin enthaltene Spiritus allmählich verflüchtigt, sollte dieser Brennstoff in einem dicht schließenden Behälter aufbewahrt und alsbald verbraucht werden.

Zur Herstellung von Hartspiritus benötigt man 63 % Alkohol, 20 % Kernseife in Flocken und 17 % Wasser (Gewichtsanteile). Die fein geriebene Seife wird unter Erwärmung im Spiritus gelöst. Danach rührt man das auf etwa 80° C erhitzte Wasser in die Mischung und kühlt alles möglichst schnell ab, zum Beispiel in einem Eisbad. Auf diese Weise

Hartspiritus ist als Brennstoff nicht sehr vorteilhaft, aber ein guter Anzünder.

entsteht eine weiße, feste Masse. Anstelle der Seife kann man auch Aluminiumpalmitat, Aluminiumoleat, Magnesiumstearat, Celluloseester oder Kieselgur verwenden und erzielt damit teilweise eine höhere Festigkeit des Endprodukts. Richtige Esbit-Tabletten lassen sich mit diesem Brennmaterial jedoch nicht ersetzen. Bei der Herstellung von Hartspiritus sollte man sehr umsichtig vorgehen, da sich die aufsteigenden Spiritusdämpfe an einer Flamme entzünden können. Der fertige Hartspiritus sollte zunächst in einer kleinen Menge an sicherer Stelle ausprobiert werden.

Hartspiritus	
Eigenschaften	Ziemlich schwacher, fast nur als Anzünder brauchbarer Festbrennstoff, zu dem es geeignetere Alternativen gibt.
Vorteile	Billig in der Herstellung, im Vergleich zu flüssigen Brennstoffen weit weniger gefährlich.
Nachteile	Leistungsschwach, nur bedingt lagerfähig, bei sehr niedriger Umgebungstemperatur fast funktionslos.
Einsetzbar für folgende Systeme	Esbit-Kocher, Hobo-Kocher, als Beigabe im Rocket Stove, als Anzünder für Grill und Holzkohle.
⚠️ **Vorsichtsmaßregeln**	Spiritusflammen sind in heller Umgebung unsichtbar. Spiritus nicht in offenes Feuer gießen! Bei Gebrauch in Räumen für ausreichende Lüftung sorgen.

Spiritus in sicherer Form: Brennpaste.

Hartspiritus ist die ganz ähnlich konzipierte, aber leistungsstärkere Brennpaste, die praktisch so gut brennt wie Spiritus, dabei aber vorteilhafterweise nicht auslaufen kann. Brennpaste ist für Spiritusbrenner nicht geeignet, da diese normalerweise flüssigen Brennstoff benötigen. In einer offenen Dose brennt sie aber gut und zuverlässig ab. Man kann sie als Anzünder auch auf andere Brennstoffe streichen.

WACHS

Wachs hat vergleichbare Eigenschaften wie Fett oder Öl. Heißes Wachs brennt ähnlich wie kaltes Leichtöl. Zum Kochen würde es sich prinzipiell gut eignen, weil es eine hohe Energiedichte hat, ewig haltbar ist, leicht transportiert werden kann und selbst bei Nässe noch gut funktioniert. Allerdings braucht es, wenn es nicht gerade hoch erhitzt wird, zum Brennen einen Docht. Bei Versuchen kann man beobachten, wie die Flamme zunächst eine Weile ruhig brennt, sich das Wachs aber immer weiter in Richtung Flammpunkt erhitzt. Schließlich brennt es nicht nur aus dem Docht, sondern auch als entzündeter Dampf.

Gutes Wachspapier ist als Anzündhilfe unübertroffen.

Ab diesem Moment ist das Wachsfeuer nicht mehr kontrollierbar und nur noch schwer zu löschen. Und selbst wenn man das Wachsfeuer unter Kontrolle behält, rußt es stark und riecht auch nicht besonders gut. Von Wachs als Brennmaterial in der Outdoorküche ist daher grundsätzlich abzuraten – als Imprägnierstoff für Anzündhilfen ist es jedoch unschlag-

31

Wachs

bar und leistet hier seine besten Dienste. Zusammen mit einem geeigneten Trägermaterial und in kleinen Mengen ist es dann tatsächlich auch bedingt als Brennstoff brauchbar, beispielsweise in Form von Löschpapier, das mit einer Mischung aus Wachs und etwa 15 % Speiseöl imprägniert wurde. Dieses Zündpapier ist einerseits hervorragend als Anzündhilfe geeignet, andererseits kann es auch blattweise zusammengefaltet in den laufenden Hobo-Kocher gesteckt werden, ohne die Risiken, die kochendes Wachs mit sich bringt, herbeizuführen. Ein dickeres, aber ansonsten sehr ähnliches Zündpapier wird von der Firma Hammarö auf Basis von Zellstoff und Stearin hergestellt. Wenn man sich mit der Selbstherstellung nicht aufhalten will, ist dieses Produkt eine sehr gute Alternative. Alle Inhaltsstoffe sind natürlichen Ursprungs und daher vollständig abbaubar.

Löschpapier für Tafelwischer ist eine geeignete Grundlage für Wachspapier.

Ebenso kann man trockene Holzstücke, kleine Schachteln mit Holzpellets oder kleine Kohlen mit heißem Wachs tränken und erschließt sich dadurch gleich zwei Vorteile: Erstens ist das so behandelte Brennmaterial wasserfest, verliert also bei Feuchtigkeit nicht seine Brennfähigkeit. Zweitens kann man mit solch einem wachshaltigen Brennstoff ein wesentlich stärkeres Feuer im Hobo-Kocher oder Rocket Stove betreiben: Zunächst dient das Brennmaterial lediglich als Docht, aus dem das Wachs verdampft und verbrennt. Dann wird aus dem Trägersubstrat der Brennstoff. Ein damit betriebenes Feuer ist von Beginn an stärker und hält länger.

Wachs	
Eigenschaften	**Rußkräftiger, energiereicher Brennstoff, der bis zum Erreichen seines Rauchpunkts nur über einen Docht verbrannt werden kann.**
Vorteile	**Sehr gut zu transportieren, billig und bei gemäßigter Anwendung sowohl sicher als auch zuverlässig.**
Nachteile	**Starke Ruß- und Geruchsentwicklung, bei Überhitzung starke Rauchentwicklung, schwer löschbar, in trockener Umgebung eventuell brandausbreitend.**
Einsetzbar für folgende Systeme	**Als Beigabe im Hobo-Kocher und Rocket Stove, als Anzünder für Holzfeuer, Grill und Holzkohle.**
⚠ **Vorsichts-maßregeln**	**Wenn man brennendes Wachs mit Wasser löscht, kann es zur explosionsartigen Ausbreitung der Flammen kommen. Heißes, brennendes Wachs kann fast nicht ausgeblasen werden. Mit Deckel oder Gefäß ersticken.**

PETROLEUM

Unter dem Begriff Petroleum ist eine ganze Reihe flüssiger Brennstoffe mit ähnlichen Eigenschaften zu verstehen. Paraffinöl ist das in jedem Baumarkt erhältliche, manchmal parfümierte oder eingefärbte gewöhnliche Lampenöl, das aufgrund seiner Reinheit auch im Innenbereich in dafür geeigneten Lampen verwendet wird. Petroleum ist ebenso wie Dieselöl und Heizöl extra leicht ein Produkt der Erdölraffinerie, seine genaue Zusammensetzung unterliegt einer gewissen Schwankungsbreite. Dieselöl und Heizöl zeigen eine deutliche Geruchsentwicklung, außerdem setzen sie Düsensysteme und Lampendochte schnell durch Crackprodukte zu – die Systeme verschmutzen durch eine schwarze, rußähnliche Masse. Petroleum ist etwas teurer und besser zu verwenden, denn es riecht nicht besonders streng und wird von den Geräten recht gut vertragen. Noch besser sind gereinigte Petroleumsorten, die von den Herstellern der Petroleum-Zimmeröfen abgeboten werden (z. B. Zibro).

Das Brennverhalten von Petroleum ist dem des Benzins vergleichbar, das allerdings leichter ist und deshalb auch leichter brennt. Die hier beschriebenen Öle sind schwerer entzündlich, in Vergasersystemen können sie nur verwendet werden, wenn diese vorgewärmt wurden. Sie brennen dann aber zuverlässig und mit ausreichender Energieabgabe, ohne ganz so gefährlich wie Benzin zu sein. Es gibt Petroleumkocher mit Dochtsystemen, die zum Essenkochen verwendet werden können, aber nicht gerade Spitzenleistungen bringen.

Petroleum	
Eigenschaften	Energiereicher, vergleichsweise mäßig gefährlicher Brennstoff mit guter Verfügbarkeit.
Vorteile	Preisgünstig, gut zu handhaben, zuverlässig.
Nachteile	Geruchs- und Rußbildung bei Sorten mit hohem Aromaten-Anteil. Duftstoffe sollen dies häufig kaschieren.
Einsetzbar für folgende Systeme	In dafür vorgesehenen Kochgeräten mit Docht oder Vergaser, außerdem in dafür vorgesehenen Lampen.
⚠ **Vorsichtsmaßregeln**	Heißes Petroleum ist sehr gefährlich. Petroleum sollte nur im Freien verwendet werden. Von Zündquellen fernhalten. Gelagertes Petroleum wirkt brandbegünstigend. Hautkontakt vermeiden.

SPIRITUS

Weingeist oder Äthanol, meistens als Spiritus bezeichnet, ist ein eher harmloser, gelegentlich als »sicherer« bezeichneter Brennstoff. Erst durch das Aufkommen des sogenannten Bio-Alkohols wurde die Erzeugung von Brennspiritus durch fraktionierte Destillation von Erdöl allgemein bekannt. Ich selbst hielt Äthanol lange Zeit für ein Produkt der alkoholischen Gärung und daher für umweltfreundlich. Doch auch Bio-Alkohol ist nicht unbedingt vorbildlich, wenn man die Anbaubedingungen der Pflanzen berücksichtigt. Die Bezeichnung Bio-Alkohol ist schon deshalb unsinnig, weil auch fossile Brennstoffe immer natürlichen Ursprungs sind.

In technisch anspruchsvollen Brenntöpfchen wie dem Trangia-Brenner erhitzt sich der Spiritus durch seine eigene Energieabgabe und bringt dann eine stattliche, für Kochzwecke ausreichend heiße Flamme. Es sind keine Drucksysteme und Düsen nötig, und diese Art des Kochens funktioniert zuverlässig und unspektakulär. Als Brennstoff ist Alkohol vergleichsweise kostengünstig. Er ist eher leistungsschwach, wenn die Umgebungstemperatur sehr tief ist oder man sich auf großer Höhe befindet. Im Vergleich zu Petroleum und Benzin riecht er wesentlich angenehmer. Findige Tüftler haben kleine Brennkammern entwickelt, aus denen der Alkoholdampf ähnlich wie eine Gasflamme austritt, ähnlich wie beim Trangia-Brenner.

Die Töpfe verrußen etwas weniger, wenn man dem Spiritus eine geringe Menge (höchstens 10 %) Wasser beifügt. Eine für Spiritus typische Gefahrenquelle ist die Unsichtbarkeit seiner Flamme bei hellem Umgebungslicht. Weil man sie nicht sehen kann, bemerkt man auch die Entstehung eines Brandes erst spät. Spiritus liefert im Vergleich zu Benzin nur etwa die halbe Energieleistung.

Spiritus	
Eigenschaften	Nicht sehr kräftiger, aber bei richtiger Handhabung zuverlässiger Brennstoff.
Vorteile	Bei Hautkontakt ungefährlich, geringes Gewicht, keine lästige Geruchs- oder Rauchentwicklung.
Nachteile	Leistungsschwach, bei sehr niedriger Umgebungstemperatur nur bedingt einsetzbar.
Einsetzbar für folgende Systeme	Spiritusbrenner, Rechaud.
⚠️ **Vorsichtsmaßregeln**	Spiritusflammen sind in heller Umgebung unsichtbar. Spiritus nicht in offenes Feuer gießen! Bei Gebrauch in Räumen für ausreichende Lüftung sorgen.

BENZIN

Bei Benzin als Brennstoff haben wir es mit einer echten Gefahrenquelle zu tun. Aber wenn man bestimmte Dinge beachtet, kann man Benzin als sparsamen und überall erhältlichen Brennstoff nutzen, der in allen Umgebungen, bei allen Temperaturen und in jeder Höhe zuverlässig brennt. Der Stoff ist beim Einatmen und auf der Haut gesundheitsschädlich, bleifreies Benzin enthält einen erhöhten Anteil krebserregenden Benzols. Von Benzin geht eine besondere Feuergefahr aus, weil seine Dämpfe zusammen mit der Umgebungsluft ein explosives Gemisch bilden. **Benzin darf deshalb niemals auf glühende Kohlen oder in brennendes Feuer geschüttet werden!** Für seine Verwendung in Kochern sollte man es unter Druck setzen, damit es durch ein Vergaserrohr fließt, wo es durch Hitze in leicht brennbares Gas (eigentlich Dampf) verwandelt wird. Gute Benzinkocher brennen mit enormer

Ein Standkocher für Benzinbetrieb.

Leistungsabgabe. Eiserne Kochgefäße, die mit Speiseöl eingebrannt worden sind, dürfen nicht auf Benzinkochern verwendet werden, weil sich schädliches Benzol aus dem Brennstoff in der Ölschicht anreichert.

Benzin von der Tankstelle ist mit Zusatzstoffen versetzt, die den Kochern schaden können. Wenn überhaupt, sollte man bleifreies Normalbenzin wählen. Besser ist gereinigtes Benzin. Wem der Preis für diesen Brennstoff zu hoch ist, der sollte Ersatzgeneratoren für seinen Kocher bereithalten und beim Einfüllen einen Trichter mit Filtereinsatz benutzen.

Benzin	
Eigenschaften	Kraftvoller, gefährlicher Brennstoff.
Vorteile	Hohe Energieabgabe, einfaches Entzünden, in geeigneten Systemen sehr zuverlässig.
Nachteile	Als Luft-Dampf-Gemisch explosibel. Brandgefahr bei Auslaufen und Undichtigkeit. Drucksysteme können im Betrieb in Brand geraten. Giftig, auch in den Abgasen.
Einsetzbar für folgende Systeme	Benzinkocher, Benzinlaternen.
⚠ **Vorsichtsmaßregeln**	Benzin darf nie in Feuer oder Glut geschüttet werden, Explosionsgefahr! Gebrauchsanleitung des Verbrauchsgeräts beachten!

GAS

Für sehr viele Kocher, Grills und andere Geräte der Outdoorküche ist Gas in Kartuschen erhältlich, deren Verwendung sicher und bequem ist, bei denen man jedoch genau auf Dichtigkeit achten sollte, damit sich das Gas nicht in der Umgebungsluft anreichert. Gaskartuschenko-cher sind im Betrieb vergleichsweise teuer, man kann auf ihnen aber sofort kochen, ohne zu pumpen oder vorzuheizen. Große Vorteile des Gaskochens liegen im vergleichsweise angenehmen Geruch und in der relativ geringen Verrußung der Töpfe. Wenn es sehr kalt ist oder man auf großer Höhe kochen will, kann es jedoch Betriebsstörungen geben.

Eine handelsübliche Gaskartusche zum Aufstechen.

Ein winziger und kräftiger Gaskocher ist der Optimus »Crux«.

Gas	
Eigenschaften	Sauberer, leicht handhabbarer Brennstoff mit hoher Energiedichte.
Vorteile	Sehr bequeme Handhabung, keine Geruchs- oder Rauchbelästigung, fast rußfrei.
Nachteile	Gas-Luft-Gemisch ist explosibel und kann zum Ersticken führen.
Einsetzbar für folgende Systeme	Gaskocher, Gaslaternen.
⚠️ **Vorsichts-maßregeln**	Auf Dichtigkeit achten! Zweifelhafte Geräte nur im Freien aufbewahren! Kartuschen nie ins Feuer werfen und nicht gewaltsam öffnen! Gebrauchsanleitung des Verbrennungsgeräts beachten! Bei Gasgeruch sofort gründlich lüften, Funken und offenes Feuer vermeiden!

Wer beim Hantieren mit dem Kochgerät etwas zu tun zu haben will, für den ist Gas vermutlich nicht der richtige Weg, denn solche Kochgeräte kann man eigentlich nur an- und ausschalten. Selbst das Anzünden wurde dank Piezotechnik sehr vereinfacht. Leider weiß man auch nie genau, wann die Kartusche leer ist. So sollte man auf Wanderungen immer noch Ersatz mitführen, und dadurch werden die Vorteile der an sich leicht und klein dimensionierten Gaskocher schnell wieder aufgezehrt. Als einfachstes, sauberstes Kochsystem ist Gas kaum zu übertreffen und empfiehlt sich zum Beispiel für eine transportable Kochstelle, die ungefähr so aussieht wie ein Viertelkochfeld eines Küchen-Gasherds.

GAS UND BENZIN IM VERGLEICH

In Feuerzeugen werden praktisch keine anderen Brennstoffe als Benzin und Gas eingesetzt, deshalb ist ein Vergleich dieser beiden Energieträger angebracht. Gas ist flüchtig und sauber, Benzin verdunstet relativ zügig. Ein einfaches Benzinfeuerzeug wird also mit der Zeit von selbst leer. Benzin kann in flüssiger Form (in kleinen Mengen) als hoch entzündlicher Flüssigzunder beim Feuermachen helfen. Dabei ist es jedoch auch sehr gefährlich, weil sein Dampf mit der Umgebungsluft ein explosives Gemisch bildet. Benzinfeuerzeuge benötigen einen Docht, der mit der Zeit kleiner wird. Gasfeuerzeuge sind zwar zuverlässiger, versagen aber auch manchmal ihren Dienst.

ÜBERSICHT: FOSSILE BRENNSTOFFE

Brennstoff	Energie/ Menge	Energie/ Volumen	Preis/Menge	Preis/kWh	Energievergleich (Benzin = 100)
Brennspiritus	7 kWh/kg	5,54 kWh/l	1,60 – 2 €/l	0,28 – 0,36 €	58
Benzin	12 kWh/kg	9,28 kWh/l	1,60 – 2 €/l	0,17 – 0,21 €	100
Petroleum	11,90 kWh/kg	9,52 kWh/l	1,60 – 2 €/l	0,17 – 0,21 €	99
Diesel/HEL	11,90 kWh/kg	10,23 kWh/l	1,45 €/l	0,15 €	99
Gas (Kartuschen)	12,80 kWh/kg		5,26– 18,13 €/kg	0,41 – 1,41 €	107

Ein Feuer machen

Die Werkzeuge, mit denen man heute normalerweise Feuer macht, sind vor allem die altbewährten **Streichhölzer**. Sie sind billig, äußerst zuverlässig und in verschiedenen Variationen erhältlich. Für den Einsatz in eher rustikaler Umgebung eignen sich vor allem wasserfeste Streichhölzer und Sturmstreichhölzer. Jedes Streichholz kann man selbst wasserfest machen, indem man es in Wachs taucht. Es werden auch kleine Dosen angeboten, in denen man Streichhölzer und eine Reibfläche wassergeschützt transportieren kann. Nasse Streichhölzer lassen sich, solange der Zündkopf nicht ganz aufgeweicht ist, durch Trocknen wieder zündfähig machen. Wenn Streichhölzer nur kurz dem Wasser ausgesetzt waren, reicht es, mit dem Zündkopf etwa zwanzigmal durch das Haupthaar zu fahren. In den meisten Fällen funktionieren sie dann wieder. Sogenannte Überallzünder lassen sich an vielen grobkörnigen Flächen anreiben, was jedoch deutlich höheren Kraftaufwand als bei den normalen Streichhölzern erfordert. Gelegentlich zerbricht dabei der Zündkopf. Der Hauptvorteil von Streichhölzern gegenüber einem Feuerzeug liegt in ihrer weitaus höheren Zuverlässigkeit. Außerdem weiß man bei Streichhölzern immer, wie viele einem noch zur Verfügung stehen, während man bei einem Feuerzeug nicht genau bestimmen kann, wie viele Male man damit noch Feuer machen kann.

Die klassische Art, Feuer zu entfachen, besteht darin, ein **Feuereisen** an einem Feuerstein entlangzuschlagen und die entstehenden Funken mit geeignetem Zunder einzufangen. Wenn man darin nicht geübt ist, sollte man neben dieser vergleichsweise umständlichen Art auch weitere Möglichkeiten des Feuermachens in Betracht ziehen. Bei aller Wildnisromantik setzt das Funkenschlagen weitreichende Vorbereitungen, motorisches Geschick und nicht wenig Übungszeit voraus. Nicht jeder sieht in dem damit verbundenen Aufwand einen Sinn. Als kulturgeschichtliche Reminiszenz (das Feuereisen hat es als Zierelement sogar bis in die Kette des Ordens vom Goldenen Vlies geschafft) verdient es diese alte Technik jedoch, wachgehalten zu werden.

Es sind zahlreiche Versionen von **Zundertaschen**, Trapper-Feuerzeugen und ähnlichen Zusammenstellungen erhältlich. Man kann seine eigene Ausrüstung auch individuell zusammenstellen. Wenn man Zunder aus dem Zunderpilz, Rohrkolben-Samen, Watte, Rinde oder ähnlichen Materialien selbst präpariert, kann man mit einer Imprägnierung mit Kalisalpeter die Zündfähigkeit erheblich verbessern.

Eine Weiterentwicklung des Funkenschlagens besteht im Herausschaben der Funken aus einem Stück Auermetall (Cereisen), wie man es als Feuerzeug-Zündstein kennt. Es ist in Form handlicher Stäbe erhältlich, teilweise auch mit einem Griffstück. Mit einer Feile, einem Messer oder einem Sägeblatt (für Metall) kann man daraus einen sehr heißen Funkenregen schaben. Teilweise wird das Auermetall zusammen mit einem kleinen Barren Magnesium geliefert. Das **Magnesium**, in feinen Splittern abgeschabt, kann man mit den Funken entzünden, und es verbrennt mit sehr hoher Temperatur. Diese Kombination gilt als das einzige System, mit dem man wirklich unter allen Rahmenbedingungen ein Feuer entzünden kann. Selbst wenn man dieses Gerät nur für den Notfall mitnimmt, ist seine Handhabung recht schnell zu erlernen und dabei zuverlässiger als ein Feuerzeug mit seiner Störanfälligkeit.

Die **Piezosysteme** stellen eine besonders durchdachte Weiterentwicklung des Funkenmachens dar. In ihnen wird unter Federdruck mit einem kleinen Bolzen auf einen Piezokristall geschlagen, der daraufhin eine starke elektrische Spannung freisetzt, die an zwei Kontakten abgenommen werden kann. Piezozünder sind heute oft in Gasfeuerzeugen verbaut, man findet sie auch an Gaskochern und -grillgeräten sowie als separates Zündgerät. »Schwere« Brennstoffe wie Zunder, Magnesiumspäne, Wachs oder Petroleum lassen sich damit nur sehr schwer oder überhaupt nicht entzünden. Der Entla-

dungsfunken ist räumlich sehr klein und wirkt deshalb am besten auf explosible Brennstoff-Luft-Mischungen. Piezosysteme sind sehr bequem, ungefährlich, zuverlässig und preiswert. Vor allem verbrauchen sie sich fast nicht, es müssen daher keine Feuersteine nachgeladen werden.

Das Imco triplex kann man auch als Notbeleuchtung verwenden.

Das herkömmliche **Feuerzeug** ist als technisch ausgereifte Erfindung angetreten, aber seine Benutzung ist die langweiligste Art des Feuermachens. Am praktischsten sind die handlichen Gasfeuerzeuge. Kultstatus genießen die altmodischen Sturmfeuerzeuge, wie man sie unter den Namen **IMCO Triplex** oder **Zippo** kennt. Weil man nie so genau weiß, ob das Benzin schon herausverdunstet ist, sollte man immer eine

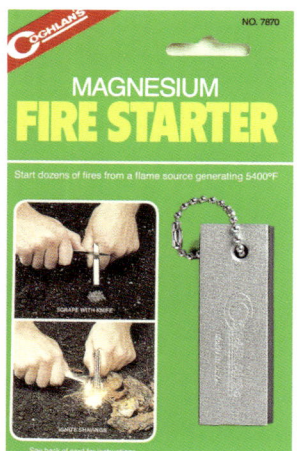

Magnesium ist das zuverlässigste Feuerzeug und funktioniert auch bei Regen.

In einem keramischen Piezo-Zündsystem wird eine elektrische Entladung durch Schlag auf einen Kristall erzeugt.

Nachfüllmenge Benzin, einen Ersatzdocht und ein Päckchen passende Feuersteine mitnehmen.

Unter den handelsüblichen Gasfeuerzeugen gibt es eine Gruppe mit einer besonders nützlichen, weil besonders heißen Lötflamme, die durch eine Art **Turbokonstruktion** erzeugt wird und der Flamme eines Lötbrenners gleicht. Den stärkeren Sauerstoffumsatz dieser Feuerzeuge erkennt man an einem deutlich Rauschen. Die Flamme ist bei Wind stabiler und entzündet sogar feuchtes Brennmaterial recht zuverlässig. Teilweise sind solche Gasfeuerzeuge mit einem langen Schwanenhals zu bekommen, mit dem man viel besser dorthin kommt, wo das Feuer angezündet werden soll. Für Starklichtlampen ist das die perfekte Lösung.

Anzündhilfen sind wichtig, damit sich das Feuer richtig entwickelt. Eigene Anmacher kann man aus Watte oder Papier und Wachs leicht selbst herstellen, es gibt sie aber auch in zahllosen Spielarten zu kaufen. Viele leicht entzündliche Materialien eignen sich dazu, ein kleines Feuer groß zu machen. Es gibt aber nicht so viele, die man sicher transportieren

kann, die dauerhaft lagerfähig, wasserfest, sicher in der Anwendung und dann auch noch umweltfreundlich sind. Dazu gehören alle Arten von Kaminanzündern, die mit **Wachs** getränkt sind. Diese lassen sich viel billiger selbst herstellen, wobei man sie seinen persönlichen Vorlieben anpassen kann.

Besonders praktisch sind selbst hergestellte Anzünder, die man aus **Kosmetikpads** machen kann, indem man sie leicht mit heißem Wachs tränkt. Beim Kauf der Wattepads sollte man solche aus Baumwolle und nicht aus Kunstfasern wählen. Zugeschnittene Stoffstücke, etwa aus einem alten Baumwollhemd oder einer Jeans, erfüllen den gleichen Zweck. Dem Wachs kann man etwa 15 % **Speiseöl** zufügen, was die Anzünder etwas geschmeidiger macht, die Wirkung aber nicht verändert. Wer es beim Anzünden später einfacher haben will, kann seitlich in die noch warmen Anzünder je ein Sturmstreichholz stecken, das dann vom erkalteten Wachs sicher festgehalten wird. Zum Anzünden knickt

Kosmetikpads lassen sich in hervorragende Anzünder verwandeln, wenn man sie mit Wachs tränkt.

man eines der wachsgetränkten Kosmetikpads einfach in der Mitte durch, wodurch eine Art Dach entsteht. Es kann dann leicht an einer der entstandenen Ecken oder direkt am »eingebauten« Sturmstreichholz entzündet werden, brennt etwa drei Minuten lang mit ziemlich heißer Flamme und ist sehr gut geeignet, um ein Feuer auch bei mäßigem Wind zu entzünden.

Für kurze, schnelle Kochvorgänge können diese Anzünder auch als Brennstoff verwendet werden. Allerdings erzeugt eine Wachsflamme unverhältnismäßig viel Ruß und beim Ausblasen ziemlich ungesunden Qualm. Trotzdem ist es, wenn nichts anderes zur Hand ist, ein leistungsfähiger und in der Handhabung einfacher Brennstoff.

Eine Variation besteht in der Verwendung von **Löschpapierbögen**. Von der Firma Franken ist beispielsweise ein Vliesmaterial erhältlich, mit dem Tafel-

Holz in Pelletsform: ein praktischer Brennstoff mit vielen Möglichkeiten.

wischer bestückt werden und das hervorragend zur Herstellung von Zündpapier geeignet ist. In einem Topf schmilzt man Wachs und gibt der Flüssigkeit etwa 15 % Speiseöl zu. Diese Mischung kann man über den Schmelzpunkt des Wachses hinaus noch etwas weiter erhitzen, damit sie den Löschpapierstapel gut durchdringt. Allerdings darf das Wachs keinesfalls zu heiß werden oder gar zu sieden beginnen, weil dies mit erheblicher Brandgefahr verbunden ist! Das Papier sollte sparsam mit Wachs getränkt werden, was sehr gut möglich ist, indem man einen Stapel von 100 Blatt in einen Topf mit dem erhitzten Brennstoffgemisch taucht. Wenn eine Ecke kein Wachs abbekommt, ist dies für das spätere Auseinanderteilen der Blätter vorteilhaft. Danach wird der Stapel in einer schräg gehaltenen Laborschale gut ausgedrückt und die Blätter werden noch warm voneinander abgezogen, damit sie nicht als Block erkalten. Diese Blätter legt man locker aufeinander, damit sie nicht zusammenkleben. Später kann man sie in eine Schachtel oder einen Pappumschlag legen, damit sie beim Feuermachen unterwegs zur Hand sind. Das fertige Anzündpapier kann beliebig verwendet werden: geknüllt für eine schnelle, größere Flamme; gerollt oder kleingefaltet für eine länger brennende, dafür kleinere Flamme. Im Vergleich zu den wachsgetränkten Kosmetikpads brennt es schneller ab, entwickelt aber eine weitaus größere und kräftigere Flamme. Um ein Feuer lediglich anzuzünden, reichen dünne Streifen dieses Papiers. Der Pellet-Brennkorb kann damit ebenfalls leicht in Gang gesetzt werden: Es werden einige schmale Streifen in Z-förmiger

Faltung oben zwischen die Pellets gesteckt und an den überstehenden Stellen angezündet. Das Feuer breitet sich von dort aus nach und nach auf die angrenzenden Pellets aus und erfüllt bald die ganze Oberfläche. Der Brennstoff trocknet nicht weg, er bleibt dauerhaft im Papier und kann sogar bei Nässe eingesetzt werden, weil er das Trägermaterial vor Feuchtigkeit schützt. Mit einem höheren Ölanteil wird das Zündpapier geschmeidiger, mit einem geringeren wird es steifer, dafür robuster gegenüber Umwelteinflüssen.

Das große Lagerfeuer ist vom zweckmäßigen, schlanken **Kochfeuer** zu unterscheiden. Bei einem Lagerfeuer wird sehr viel Brennstoff verwendet, die Flammen schlagen hoch in den Nachthimmel, und um darauf zu kochen, sollte man warten, bis es heruntergebrannt ist. Das Kochfeuer qualifiziert sich in erster Linie durch ein kleineres Format und ein gutes, konzentriertes Glutbett. Eine Feuerstelle kann auch die Form eines Schlüssellochs haben: In dem Kreis befindet sich das Feuer, und in einer sich daran anschließenden Ausbuchtung kocht oder brät man auf der Glut. Im Kochfeuer werden Holz und leicht brennbare Pflanzenteile verbrannt. Auch die Flammen können, je nach Beschaffenheit des Kochgefäßes, genutzt werden, beispielsweise stellt man den Grapen mit seinen drei Beinen direkt über ein gelindes Feuer. Pfannen, Dutch Ovens und Töpfe mit geeignetem Untergestell (z. B. unserem Eigenbau-Topfstand) werden direkt auf dem Glutbett verwendet. Zum Grillen über der Glut gibt es viele Konstruktionen.

Löschpapierbögen	
Funktionsweise und Bedienung	Die wachsgetränkten Blätter können beliebig zerrissen, gefaltet oder zerknüllt werden und dienen als praktische, wasserfeste Anzündhilfe.
Eigenschaften	Docht und Brennstoff in einem, gute Hitzeentwicklung von kurzer Dauer, idealer Anzünder.
Vorteile	Lange Haltbarkeit, Unempfindlichkeit gegenüber Feuchtigkeit, leichte Anwendung.
Nachteile	Bei Hitze verkleben die Blätter. Nicht einsetzbar in feuergefährdeter Umgebung.
Einsetzbar für folgende Systeme	Alle Feuer aus Festbrennstoffen.
⚠ Vorsichtsmaßregeln	Da es zu starker Flammenentwicklung kommt, sollte man brennbare Dinge außer Reichweite halten (mit Ausnahme des zu entzündenden Brennstoffs).

Kochfeuer

Von offenen Feuern gehen Gefahren aus, außerdem können sie bei stärkerer Rauchentwicklung von manchen Zeitgenossen als Belästigung empfunden werden. Deshalb sind Lager- und Kochfeuer an vielen Orten verboten. Wenn sie nicht verboten sind, sollte man bedenken, wie schnell sie sich zu einem handfesten Waldbrand ausweiten können, und zwar auch dann, wenn man meint, in der Natur richtig mit Feuer umgehen zu können. An einem heißen Sommertag reicht schon eine glühende Zigarettenkippe aus. Eine Verminderung dieser Gefahren – wobei immer ein Restrisiko bleibt – ist erreichbar, indem man das Feuer in ein Gefäß setzt, also in eine Feuerschale, einen Hobo-Kocher, eine durchlöcherte Blechdose oder eine ähnliche Konstruktion. Dadurch wird oft eine Trennung vom Untergrund erreicht, weshalb dann nicht einmal Brandflecken auf der Wiese zurückbleiben. So oder so: Als Untergrund sollte stets eine Stelle gewählt werden, die selbst nicht brennbar ist, also Sand, Kies, ein asphaltierter Weg, ein eingerichteter Grillplatz oder ein steiniger Boden. Das Kochfeuer ist da, wo es erlaubt ist, und wenn man seine Führung beherrscht, eine gute, preiswerte und romantische Möglichkeit des Kochens. Natürlich braucht seine Einrichtung länger als das Anschalten eines Kochers. Und es ist auch wichtig, das Feuer erst zu verlassen, wenn auch die letzte Glut erloschen ist.

Übrigens brennt ein gut eingerichtetes Kochfeuer nahezu rauchfrei. Als Brennmaterial kommt nichts anderes als trockenes Holz zum Einsatz. Hartholz eignet sich besser als Weichholz, weil es ruhiger brennt und eine höhere Energiedichte aufweist. Auch Holzkohle und Grillbriketts lassen sich im Kochfeuer sehr gut verbrennen. Es empfiehlt sich, das Holz doppelkreuzweise aufeinanderzuschichten, damit in jeder Etage immer zwei Hölzer parallel zueinander liegen und die nächsten Hölzer quer darübergelegt werden. Dadurch gelangt überall Sauerstoff hin, und der Stoß bleibt auch während des Abbrands relativ stabil. Wenn man etwas mehr Zeit hat und die Witterungsverhältnisse günstig sind, sollte man das Feuer von oben entzünden statt von unten. Es brennt dann von Anfang an rauchfrei, braucht aber etwas länger, um richtig in Brand zu kommen. Zum Kochen nutzt man das heruntergebrannte, glutreiche Feuer, weil es dauerhaft und gleichmäßige, sanfte Hitze abgibt.

Vielfach hat sich die **Feuerschale** als stabile Unterlage für ein Kochfeuer etabliert. So eine stabile Pfanne aus hitzefestem Material, idealerweise Stahlblech, schont nicht nur den Untergrund, sondern ermöglicht auch eine saubere Anlage des Feuers ohne Störungen durch Schmutz oder Feuchtigkeit. Die Feuerschale kann in den Boden eingegraben oder auf drei Ziegelsteine gestellt werden. Viele Modelle werden mit kurzen Beinen ausgeliefert, damit man sie überall aufstellen kann. Das für dieses Buch getestete Modell **Opinio I** der Firma **Kandeko** besteht aus der Schale und einem in drei Höhen lieferbaren Unterteil, in dem man Brennholz aufschichten kann. Die Schale wird nur locker auf das Untergestell gesetzt, kann also auch allein verwendet werden. Der Hauptvorteil des Untergestells liegt in der besseren

Eine hochwertige Feuerschale mit Unterbringungsmöglichkeit fürs Brennholz.

Arbeitshöhe. Gerade wenn man die Feuerschale mit einem Kohlenbett belegt, um darauf in der Pfanne zu braten oder im Dutch Oven zu schmoren, ist es angenehmer, wenn man sich nicht dauernd bis auf den Boden zu bücken braucht. Feuerschalen bieten eine gute Möglichkeit, ein echtes Feuer oder ein gut eingerichtetes Glutbett anzulegen, ohne den Boden zu beeinträchtigen. Man kann sie an verschiedenen Orten aufstellen und sowohl für Kochzwecke als auch für ein reines Dekorationsfeuer nutzen. Wer re-

gelmäßig mit dem Grapen oder dem Dutch Oven kocht oder einen Pfannenknecht in die Kohlen stellt, kann die Frage nach einer geeigneten Feuerstelle durch die Anschaffung einer Feuerschale grundlegend lösen, bewahrt sich dabei aber trotzdem die flexible Platzwahl.

Auch für den Betrieb von Sandwicheisen ist die genau abgezirkelte Glutfläche, wie sie die Feuerschale bietet, der ideale Arbeitsplatz. Das gilt gerade auch für eine kleine Schale wie das **Zwer-**

Zwergenfeuer

genfeuer der Firma **Denk-Keramik**. Die kleine Schale wurde speziell für Kinder entwickelt und ist aus feuerfester Keramik hergestellt. Mit einem Durchmesser von 24,5 cm erlaubt sie die Anlage eines sehr kompakten Kochfeuers oder Glutbetts, das ruhiger brennt, weil die Schale keinen Kamineffekt hat. Man kann sie sowohl mit Holz als auch mit Kohle betreiben. Für alles, was am Spieß, im Sandwicheisen, in der Pfanne oder durchaus auch in einem kleinen Grapen zubereitet wird, stellt die handliche Schale eine gute und sehr sichere Hitzequelle dar. Weil sie kleiner ist als die üblichen Feuerschalen, eignet sie sich auch sehr gut für den Balkon oder für einen mobilen Einsatz, etwa bei einem Picknick oder abends am Strand, und sie kann natürlich auch gut für ein rein dekoratives Feuer verwendet werden. Zusätzlich ist eine passende Stahlpfanne mit einem Pfannenhalter erhältlich. Das Zwergenfeuer eignet sich sehr gut, wenn man kein »richtiges« Kochfeuer entfachen, aber trotzdem darauf auch kochen will. Die spezielle Keramik hält ewig, sie sollte aber im Winter hereingeholt wer-

den und darf im nassen Zustand nicht geschürt werden. Der Hersteller empfiehlt die Schale für Kinder ab fünf Jahren, natürlich nur unter Aufsicht.

Sehr oft wird über einem offenen Feuer ein **Dreibein** aufgestellt, an dessen Spitze mit einer Kette ein Grillrost oder ein Topf aufgehängt ist, der dann höhenverstellbar über dem Feuer hängt. Zu manchen Gerätschaften gehört das Dreibein dazu, anders kann man den ungarischen Bogratsch ja nicht benutzen. Normalerweise sind die Dreibeine aber unhandlich und wackelig, und wenn jemand aus Versehen dagegenläuft, können sie leicht umkippen. Bei plötzlich einsetzendem Regen kann man sie auch nicht eben mal woanders hinstellen. Im Zusammenhang mit den in diesem Buch vorgestellten Geräten ist das Dreibein nicht notwendig. Selbst einen Grillrost kann man mit einem Pfannenknecht direkt über die Glut stellen. Gleiches gilt für Pfannen und auch Töpfe, die ihrerseits häufig bereits die Beine haben, mit denen der richtige Abstand vom Kohlenbett gewährleistet wird.

Das Zwergenfeuer bietet Sicherheit beim Feuermachen.

Kochgeräte

Bei der Betrachtung verschiedener Kochgeräte sollte man sich stets vergegenwärtigen, ob das jeweilige Modell ortsgebunden ist oder auch mobil eingesetzt werden kann. Bei manchen Geräten hängt das von der Größe ab: So gibt es beispielsweise den Rocket Stove in verschiedenen Größen, von denen die kleineren durchaus auch für Rucksackreisen infrage kommen. Auch gibt es Reisegrills, die man wie einen Koffer oder als handliche Kugel zum Picknick oder auf den Zeltplatz mitnehmen kann. Mit großen, stationären Geräten geht das nicht, allerdings kann man auch einen Weber CharQ 260 samt Untergestell bequem im Kofferraum unterbringen. Aus diesem Grund werden in diesem Kapitel auch einige Systeme erklärt, die auf den ersten Blick eher nach Gartenküche aussehen, tatsächlich aber auch auf Reisen mitgenommen werden können.

Die heutige Fülle verschieden konstruierter Kochgeräte hat nicht nur historische Gründe. Sie hängt auch mit der Vielfalt der Brennstoffe und mit den Wünschen der Benutzer zusammen. Meistens geht mit einer besseren Eigenschaft die Verschlechterung irgendeiner anderen einher: Mehr Umweltfreundlichkeit kann mehr Ruß bedeuten, mehr Bequemlichkeit bedingt höhere Kosten, und mehr Unabhängigkeit kann auch ein höheres Risiko mit sich bringen. Mehr Stabilität wird oft mit höherem Gewicht erkauft, mehr Mobilität bedeutet manchmal eine kleinere Kochstelle. Deshalb ist es wichtig, sich über seine eigenen Vorstellungen klarzuwerden. Wahrscheinlich stößt ein einziges Kochgerät bald an seine Grenzen. Wer

seine Geräte klug zusammenstellt, ist für viele Situationen gerüstet. Damit ist nicht das Dauerthema Krisenvorsorge gemeint, auch wenn funktionierende Kochmöglichkeiten in Notsituationen von besonderer Bedeutung sind. Schon ein Wanderausflug stellt ganz andere Anforderungen an den Kocher als ein Autopicknick oder ein Grillabend im Garten; ein einzelnes Kochsystem kann nicht allen Nutzungsarten gerecht werden.

ROCKET STOVE

Ein besonders hohes Ansehen genießt der Rocket Stove, weil er trotz einfacher Konstruktion einen starken Kamineffekt erzeugt und deshalb mit herumliegendem Holz sehr hohe Brenntemperaturen erreicht. Kochstellen dieser Art sind durchaus für den regelmäßigen Dauereinsatz gedacht, sie liefern durch die

Ein Rocket Stove kann aus ein paar Blechdosen gebaut werden.

Nutzung eines Kamineffekts eine starke, heiße Flamme und können problemlos auch große Töpfe oder Pfannen mit Hitze bedienen. Je nach Bauart – man kann sie sich auch leicht selbst bauen – sind sie sehr stabil und haben ein stattliches Eigengewicht, was sie als Kochplatz zusätzlich auszeichnet. Neben dem Grill oder auch einzeln bieten sie sehr gute Möglichkeiten, Gerichte verschiedenster Art auf strammer, aber regulierbarer Unterhitze zuzubereiten. Sie haben zwei Nachteile: die starke Verrußung des Kochgeschirrs und die Notwendigkeit, immer mal wieder Brennstoff nachzuführen.

Denn der Rocket Stove setzt Reisig und Totholz bis zu einer Dicke von etwa 2 cm um. Man füllt einen Zuführschacht dicht mit gerade gewachsenen, trockenen Ästen, Zweigen und Reisig, zündet den Ofen mit einem langen Papierstreifen an und hat dann ziemlich schnell eine große Flamme zur Verfügung, die aber etwa alle 5 bis 10 min gefüttert werden sollte. Man kann das Feuer also nicht mal eben für eine Stunde sich selbst überlassen – es würde verlöschen. Anhaltender und milder ist die Flamme, wenn man den Rocket Stove mit Grillbriketts betreibt. Auch die Verrußung ist dann geringer. Der gewaltige Vorteil dieses auch zur Notversorgung sehr gut geeigneten Kochers liegt in der weitgehenden Unabhängigkeit von Energieträgern, denn man braucht nur ab und zu passendes Kleinholz zu suchen und kann damit jederzeit kochen, und das sogar CO_2-neutral. Wer es bequemer mag, der kann sich im Baumarkt Unterzündholz für den Kamin kaufen, das ebenfalls gut

funktioniert. In vielen Gegenden der Welt werden solche Rocket Stoves als reguläre Kochstellen verwendet, was ihre Bedeutung und ihren praktischen Wert unterstreicht.

Entscheidend für die enorme Wirkung dieser Kochstelle ist der Kamineffekt. Wenn der Ofen in Betrieb ist, steigt in der Brennkammer im Inneren heiße Abluft auf, wodurch aus dem Schacht, in den man das Brennholz nachfüllt, Frischluft angesaugt wird. Das Feuer befindet sich also in einem dauernden Luftstrom, was eine schnellere Verbrennung des Brennguts und dadurch eine stärkere Hitzeentwicklung bewirkt. Wenn man die Füllöffnung gegen den Wind dreht, wird dieser Effekt sogar noch verstärkt.

Im Westen Malaysias stellt **Syafi Salam** in seiner Garage sehr durchdachte Rocket Stoves nach eigenen Entwürfen

Industriell gefertigte Rocket Stoves im Einsatz.

her und verschickt sie weltweit. Die Versandkosten sind günstig, wenn man den Landweg wählt; das kann allerdings einige Wochen dauern. Für die Geduld wird man aber belohnt. Bei diesen Kochgeräten der Marke **Phoenix** handelt es sich Stück für Stück um echte Handarbeit, alles ist sorgfältig und genau passend verarbeitet, und es kommen bis zum Schweißdraht nur hochwertige, dauerhaft haltbare Materialien zum Einsatz. Der Korpus des Standardmodells Turul besteht aus einem Druckausgleichsbehälter, in den ein zusammengeschweißtes Kniestück aus Stahlrohr eingebaut ist. Unten sind vier Standfüße angeschweißt, oben drei stabile Bleche, auf die man das Kochgeschirr stellt. Bei harter Beanspruchung erweist sich der Blechmantel als nachgiebig. Bei Sturz und Schlag entstehen Dellen, nicht aber bei sachgerechter Benutzung. Syafi Salam liefert seine Turuls in Silbergrau und Schwarz, auf Wunsch sind auch Sonderfarben möglich. Man kann sein Gerät auch unlackiert bekommen, wenn man z. B. den bei uns erhältlichen dunkelgrauen Ofenlack draufsprühen will. Das Gerät funktioniert bereits im Auslieferungszustand gut, allerdings empfiehlt der Hersteller, den Korpus mit trockener Holzasche zu füllen. Wer eine Pelletsheizung hat, dem steht davon mehr als genug in bester Qualität zur Verfügung. Durch die Füllung wird der Rocket Stove deutlich schwerer, was seiner Standfestigkeit zugute kommt. Aus derselben Garage kommen auch rechteckig konstruierte Rocket Stoves in verschiedenen Größen, die man für Kochstellen fast jeder Größenordnung – auch unterwegs – verwenden kann.

Auch die Brennkammer des eher für den Privatbereich dimensionierten Turul kann man einzeln erwerben. In das Kniestück ist ein Stahlgitter eingebaut, außerdem enthält das zuführende Rohrstück ein Blech, durch das es in zwei Hälften geteilt wird. In die obere Hälfte wird das Brennmaterial eingeschoben, von unten ist der ungehinderte Luftzutritt möglich. Dieses als Combustion Chamber bestellbare Stück kann man sehr gut in ein selbst hergestelltes Gehäuse oder in eine kleine Blechtonne einsetzen, in Beton eingießen oder mit einem Gehäuse aus Holzbeton ummanteln, wenn man es nicht einfach nur mit Standfüßen und einer Stellfläche für das Kochgeschirr versehen will. Dieses Kernstück des Rocket Stove ist ideal für die Entwicklung von Eigenkonstruktionen.

Eine besonders bemerkenswerte Eigenschaft aller Arten von Rocket Stoves

Dieser schöne Holzkocher wurde aus einem Gastank gebaut.

ist ihre völlige Unabhängigkeit von Brennstoffen fossilen Ursprungs. Mit ein paar fingerdicken Ästen kann man jederzeit sein Essen kochen. Die Brennkammer können Sie mit geeignetem Material auch von oben füllen, vor allem mit trockenen Tannenzapfen. Aufgrund der hohen Verbrennungstemperatur, bedingt durch den starken Kamineffekt, hält sich die Rauchentwicklung zeitweise in Grenzen. Rocket Stoves lassen sich auch gut selbst bauen. Hierfür benötigt man eine große Blechdose, wie man sie vom Speiseöl kennt, sowie mehrere kleinere Konservendosen in verschiedenen Durchmessern und Längen. Der Aufbau ist prinzipiell immer gleich, wobei manche Konstrukteure besonderen Wert auf einen Effekt legen, bei dem das austretende Holzgas verbrannt wird. Solche Modelle haben einen höheren Wirkungsgrad und sind im Betrieb sauberer.

Ein einfacher, aber zweckmäßiger Rocket Stove aus Blechdosen.

Eine sehr interessante Weiterentwicklung, die sogar Elektrizität erzeugen kann, wird auf der Internetseite www.biolitestove.com/homestove/overview vorgestellt. Leider kann man sie noch nicht kaufen – schade!

Rocket Stove	
Funktionsweise und Bedienung	Im mit Brennmaterial gefüllten Rocket Stove wird von unten ein Feuer entzündet, danach wird neues Brennmaterial nachgeführt.
Eigenschaften	Praktischer, stationärer Allesbrenner mit hoher Standfestigkeit und hohem Bedienungskomfort.
Vorteile	Man sieht, wann neuer Brennstoff nötig ist. Gute Regulierbarkeit bei Wind. Hohe Hitzeabgabe.
Nachteile	Starke Rußentwicklung, braucht oft Brennstoffnachschub, bietet für die Flamme keinen Windschutz.
Einsetzbar für folgende Systeme	Pfannen, Töpfe, Dutch Oven, auch Grillrost.
⚠️ **Vorsichtsmaßregeln**	Auf Funkenflug achten. Bei starkem Wind kann man die untere Öffnung aus dem Wind drehen oder abdecken.

GERMANENHERD

Konstruktiv gleicht der Germanenherd weitgehend dem Rocket Stove. Er wird jedoch aus Ziegelsteinen lose aufgerichtet oder nach und nach aus Lehm aufgebaut und ist deshalb nicht transportabel. Seine Konstruktion wird in diesem Zusammenhang erklärt, weil sich oft auch unterwegs geeignete Materialien finden lassen, aus denen man sich eine solche Kochstelle bauen kann. Wenn man am Rastplatz lehmige Erde vorfindet, kann man damit einen Germanenherd bauen. Dazu wird lediglich ein Haufen aufgerichtet, in dem sich ein L-förmiger Hohlraum befindet, der unten an einer Seite der Kochstelle austritt. Ein solcher Germanenherd eignet sich sehr gut als Standard-Kochstelle im Garten, als Notkochstelle und dafür, große Mengen von Wasser durch Abkochen zu desinfizieren. Der Germanenherd heutigen Zuschnitts geht auf die Trümmerzeit in Deutschland nach dem Zweiten Weltkrieg zurück, als sich aus kleinsten Anfängen heraus allmählich wieder ein zivilisiertes Leben entwickelte. Als Kochstelle der auch als »Schrottelzeit« bekannten Jahre diente er der Zubereitung einfacher Mahlzeiten und der Bereitstellung von heißem Wasser für die Körperpflege und die Wäsche. Damit hat diese Art der Kochstelle auch einen sozialkulturellen Aspekt. Der Germanenherd hat aber nicht nur musealen Wert, sondern bietet nach wie vor eine sehr leistungsstarke, umweltfreundliche und konkurrenzlos billige Kochmöglichkeit.

Der Bedarf an Brennholz zum Betrieb dieser Kochstelle ist äußerst gering: Holzreste jeder Art (natürlich nicht lackiertes oder beschichtetes Holz) sowie Reisig, Kleinholz, Gras, Stroh und trockene organische Abfälle können hier schnell und effizient in Energie verwandelt werden. Je nach lichter Weite und Topfgröße hängt man das Kochgefäß entweder mit den Henkeln ein oder stellt es auf den Herd, wobei die Abluft nicht durch den Topfboden am Ausströmen gehindert werden darf. Wie jede Ofenkonstruktion sollte auch der Germanenherd »ziehen«, sonst bleibt das Feuer schwach oder geht sogar aus. Wenn er richtig gebaut und angezündet ist, verbrennt dieser Herd sogar nasses Holz. Im Vergleich zu einem normalen Kochfeuer spart man mit dem Germanenherd schätzungsweise 2/3 der eingesetzten Brennmasse ein. Für den Aufbau benötigt man je nach Konstruktion etwa zwei bis drei Dutzend Ziegelsteine, die man leicht und preiswert besorgen kann.

Der Germanenherd eignet sich hervorragend als Alternative zur festen Feuerstelle im Garten, er erlaubt einen sehr sparsamen Einsatz des Brennstoffs und kann mit vielen Kochgeräten kombiniert

Auch der Germanenherd funktioniert wie ein Rocket Stove. Ein paar Ziegelsteine reichen.

werden. Sein bewährter Partner ist natürlich der einfache Kochtopf in jeder beliebigen Größe. Bei passendem Aufbau kann man damit aber auch eine Eisenpfanne, den Dutch Oven oder den Grapen betreiben. Und wenn man anstelle von trockenen Holzresten Grillbriketts einfüllt, kann man in der sehr heißen aufsteigenden Luft grillen, und zwar traditionell an der Schnur. Mit einer passenden Konstruktion lassen sich die so eingehängten Speisen – etwa Würstchen, ganze Hühner, Fische, Keulen oder anderes – in der Höhe verstellen. Das große Bild aus Wilhelm Buschs Geschichte »Max und Moritz«, wo die Buben die Hühner an der Angelschnur durch den Schornstein ziehen, bekommt auf diese Weise eine ganz neue Deutung.

ZELTOFEN

Eine weitere bewährte Kochmöglichkeit, die problemlos in größeren Zelten verwendet werden kann, ist der regelrechte Ofen. Hierfür eignen sich von allem die kleinen, handlichen Zeltöfen, wie sie beispielsweise die Firma **Windysmithy** in reicher Variantenvielfalt anbietet. Diese Öfen werden im Zelt aufgestellt, wo sie zugleich heizen und als Kochstelle dienen. Deswegen ist ihre sichere Funktion sehr wichtig, außerdem sollte das Zelt eine gute Frischluftzufuhr aufweisen. Aus Sicherheitsgründen soll der Einsatz von Verbrennungsöfen in geschlossenen Zelten im Rahmen dieses Buches nicht empfohlen werden, bitte informieren Sie sich gründlich und ma-

Germanenherd	
Funktionsweise und Bedienung	Der sehr stabile Germanenherd steht nach dem Aufbau als dauerhafte Kochstelle zur Verfügung. Er wird durch die Feuerungsöffnung mit Brennmaterial beschickt. Oben nimmt er ein Kochgefäß auf und versorgt es mit starker Hitze. Bei starkem Wind kann die Feuerungsöffnung verschlossen werden.
Eigenschaften	Praktischer, stationärer Allesbrenner mit hoher Standfestigkeit und hohem Bedienungskomfort.
Vorteile	Man sieht, wann neuer Brennstoff nötig ist. Gute Regulierbarkeit bei Wind.
Nachteile	Starke Rußentwicklung, braucht oft Brennstoffnachschub.
Einsetzbar für folgende Systeme	Pfannen, große Töpfe, Dutch Oven, Wasserentkeimung durch Abkochen, auch Grillrost.
⚠️ **Vorsichtsmaßregeln**	Auf Funkenflug achten. Bei zu großer Öffnung kann das Kochgefäß ins Feuer fallen.

chen Sie sich mit den Risiken vertraut, bevor Sie diese Nutzungsmöglichkeit erwägen. Die Mini-Öfen lassen sich mit Kleinholz oder Kohlebriketts betreiben und können dadurch gleichmäßige Hitze über einen längeren Zeitraum abgeben. Als Kochstelle für größere Projekte sind sie dadurch besonders gut geeignet. Schon die kleinen Modelle liefern mehr als genug Wärme zum Kochen. Die Wärmeabgabe wird über das verwendete Brennmaterial und über die Zuluftöffnung geregelt. Wird eine längere Garzeit angestrebt, sollte man als Brennmaterial große Briketts verwenden, die wesentlich länger vorhalten als das übliche Kleinholz. Man sollte dann ab und zu kontrollieren, ob Holz nachgelegt werden sollte. Für ein schnelles Frühstück reichen ein paar daumendicke Äste in der richtigen Länge. Ihre Wendigkeit macht solche Kleinöfen zu sehr guten Kochmöglichkeiten bei gleichzeitiger Einsatzmöglichkeit als Wärmequelle. Und man kann auf ihnen auch Gerichte kochen, die ein paar Stunden in Anspruch nehmen. Der Unterschied zu den vorgestellten Schnellbrennern (Rocket Stove) ist sofort sichtbar.

BRENNKORB

Von einigen Firmen sind sogenannte Brennkörbe für Holzpellets erhältlich, die man eigentlich in den Kaminofen stellt, um dort dann Holzpellets zu verbrennen. Mit den Pellets greift man auf einen sehr hochwertigen und preisgünstigen Brennstoff in gleichbleibender Qualität und genauer Dosierbarkeit zurück. Da die eingefüllten Pellets von

oben nach unten abbrennen, läuft so ein Brennkorb einige Stunden durch, während man sich um andere Dinge kümmern kann. Zuletzt enthält er einen Haufen intensive Glut, deren Wärmestrahlung noch lange für Behaglichkeit sorgt. Mit diesen Brennkörben kann man ein handliches und ansprechendes, gut kontrollierbares Campingfeuer erhalten. Statt ein großes Lagerfeuer einzurichten, entzündet man einfach die eingefüllte Menge Holzpellets. Daraus ergibt sich unmittelbar die Nutzung des Brennkorbs als Kochstelle.

Dazu wird der gefüllte Brennkorb, in unserem Beispiel der **Hammarö-Pelletbrenner**, oben mit zwei Eisenstäben versehen, auf die später ein Kochtopf gestellt werden kann. Eine genau passende Spange liegt dem Brennkorb bei. Das Brennmaterial wird entzündet, und sobald der Abbrand stabil ist, kann man einen passenden Topf oben auf die Stäbe stellen. Dadurch ist ein ausreichender Luftzug möglich und der Topf wird mit recht viel Energie versorgt. Die Pellets erzeugen jedoch eine starke Rußentwicklung an der gesamten Außenseite des Topfs mit Ausnahme des Deckels.

Der Brennkorb mit aufgesetztem kleinen Kochtopf.

Dem kann man vorbeugen, indem man wartet, bis sich im Brennkorb nur noch Glut befindet. Zum Kochen ist das sogar besser, weil die Hitze dann nicht mehr so stark ist, und die Verschmutzung hält sich dann sehr in Grenzen. Manche Benutzer empfehlen, den Topf vorher außen mit Spülmittel einzupinseln.

Der Pellet-Brennkorb kann problemlos auch als Hobo-Kocher verwendet werden, indem man ihn mit beliebigem Brennmaterial beschickt. Da er aber nicht zusammengeklappt werden kann, ist er für Wanderungen nicht so gut geeignet und bietet sich eher für Autoreisen oder im Basislager an. Außerdem weist er nicht den Kamineffekt eines guten Hobo-Kochers auf, da er die Luft von allen Seiten an das Brennmaterial heranführt. Diese Schwäche gleicht er mit einem größeren Flammendurchmesser aus. Den Brennkorb kann man auch

ohne Pellets hervorragend als Kochstelle verwenden, indem man ihn (mit oder ohne Eisenstäbe) als sehr guten Windschutz für einen Spiritusbrenner verwendet, wahlweise unter Verwendung des selbstgebauten Topfstands. Als Kocher für Suppen und Beilagen, insbesondere für Nudeln und ähnliche kurz zu kochende Speisen ist dieser Aufbau hervorragend geeignet: schnell in Betrieb und auch schnell wieder aus.

Ein solcher Brennkorb kann auch sehr gut mit Grillbriketts betrieben werden und wird dadurch zum Kleingrill, auf dessen Oberkante man Spieße, einen Grillrost oder eine passend dimensionierte Grilltasse aus Aluminium auflegen kann. Er ist auch ideal geeignet, um darauf Baumstriezel zu backen. Eine geeignete Backform kann recht schnell aus einer Bierdose und etwas Zubehör gebastelt werden.

Brennkorb	
Funktionsweise und Bedienung	Der Brennkorb wird hingestellt und sein Inhalt angezündet. Er eignet sich für alle festen Brennstoffe und bei Verwendung eines geeigneten Brenners auch für Spiritus.
Eigenschaften	Praktischer Feuerkorb, universell einsetzbar.
Vorteile	Standfest, eingebauter Windschutz, bei richtiger Verwendung ungefährlich.
Nachteile	Nimmt Töpfe nur unter seinem eigenen Durchmesser auf.
Einsetzbar für folgende Systeme	Töpfe, Spieße, Backformen, Sandwicheisen, alle Festbrennstoffe, Trangia-Brenner.
⚠️ Vorsichtsmaßregeln	Auf Funkenflug achten, besonders bei Holzpellets.

Naschen wie im Urlaub: Baumstriezel selbstgemacht!

In Tschechien und der Slowakei heißt er Trdelník, in Ungarn Kürtőskalács, in Rumänien Colac Secuiesc. Bei uns wird er landläufig Baumkuchen genannt, aber mit dem echten Baumkuchen hat er nur die Ursprünge gemein. Der Baumstriezel ist ein über Gas- oder Kohlenfeuer gebackenes Gebäck aus Hefeteig, das zuvor um eine glatte Holzrolle gewickelt wurde. Sein Ursprung liegt im südöstlichen Siebenbürgen. Schon im Mittelalter wickelte man Teig um Spieße, um ihn direkt in der Feuerhitze zu backen. Aus den Spießen wurden dickere Walzen, aus dem Brot ein Baumkuchen, bei dem der Teig zunächst ringförmig, ab dem 16. Jahrhundert als ganzes Stück um die Holzwalze gelegt wurde. Im 17. Jahrhundert ließ man dünnen Teig auf die Walze fließen und versah den Baumkuchen mit einer süßen Glasur. Indem sich der Baumkuchen von der ursprünglichen Zubereitungsart wegentwickelte, entstand der Unterschied zum Baumstriezel. Seine Zutaten sind Mehl, Hefe, Zucker, Eier, Milch, Butter und Salz. Die gewünschte Geschmacksrichtung wird durch späteres Rollen in Mandeln, Nüssen, Mohn, Kokosraspeln oder anderen Zutaten bestimmt. Als Grundrezept für den Teig werden ein Kilogramm Mehl, etwa 180 Gramm Zucker und zum gleichen Teil Butter, Eier (etwa vier) und ½ Liter Milch angegeben. Wer es nur einmal ausprobieren will, kann auch einen Fertigteig für Sonntagshörnchen (Knack & Back) verwenden. Den selbst zusammengestellten Hefeteig knetet man gründlich und gibt ihm eine halbe Stunde Zeit zum Aufgehen. Hat man richtige Holzrollen zur Hand oder arbeitet man mit einem Nudelholz, nutzt man die Zeit, um diese Holzformen anzuwärmen.

Der Baumstriezel-Grill Marke Eigenbau.

Wir haben aus einer langen Bierdose, einem M10-Gewindestab, vier Schraubenmuttern und zwei größeren Unterlegscheiben eine eigene Baumstriezelrolle gebaut, die nicht nur konkurrenzlos billig ist, sondern sich aufgrund der glatten Oberfläche hervorragend für unsere Zwecke eignet. Damit die Dosenwand beim Ausrollen des Teigs nicht eingedrückt wird, füllt man die Dose beim Zusammenbau mit Sand, Beton, Mörtel, Putz oder Gips. Die Länge des Gewindestabs wählt man großzügig, damit er auf dem Pelletbrenner nicht zu knapp übersteht. Der fertige Teig wird zu einer dünnen Schlange ausgerollt und diese dann eng um die Dose gewickelt. Danach walzt man alles in Kristallzucker fest. Man kann jetzt auch noch etwas weiche Butter aufstreichen. Diese Teigrolle wird nun im Pelletbrenner über einigen glühenden Kohlen eingehängt und laufend ein wenig gedreht, bis alle Seiten sanft und gleichmäßig durchgebacken sind. Wenn der Baumstriezel außen goldbraun wird und der Zucker glasig aussieht, kann man die Rolle abnehmen und noch heiß in den Mandeln oder Nüssen wälzen. Von der Bierdose können Sie das fertige Gebäck noch heiß sehr leicht abziehen.

Auch **Maiskolben** kann man sehr gut über dem Pelletbrenner grillen. Dazu steckt man an jedem Ende einen ausreichend langen Nagel hinein und legt die Kolben gewaschen und gesalzen oben auf den Korb. Regelmäßiges Drehen verhindert ein Anbrennen. Man kann während des Grillens ab und zu etwas warme Butter darübergeben und leicht nachsalzen, allerdings sollte die Butter nicht auf die Kohlen tropfen. Der Pelletbrenner erweist sich bei solchen Gelegenheiten als sehr praktischer Mini-Grill, auf dem man schnell kleine Gerichte zubereiten kann. Stockbrot oder Würstchen am Spieß lassen sich damit auch sehr leicht und mit Erlebniswert garen. Der große Vorteil dieses Aufbaus liegt in seiner Vielseitigkeit. Nach dem Mais kann man darauf Wasser für den Kaffee kochen oder eine Pfanne für Spiegeleier daraufstellen. Oder man legt Kartoffeln, die man in Aluminiumfolie eingewickelt hat, zwischen die Kohlen. So kann der Brennkorb einen ganzen Abend lang in Betrieb bleiben und liefert laufend etwas anderes.

Baumstriezel auf einem originalen Gerät.

HOBO-KOCHER

Besondere Aufmerksamkeit wurde in den letzten Jahren dem sogenannten **Hobo-Kocher** entgegengebracht, einem geradezu universell verwendbaren Allzweck- und Reisekocher, der mit vielen verschiedenen Brennstoffen betrieben werden kann. Er geht auf amerikanische Wanderarbeiter und Landstreicher zurück, die in eine Blechdose ein paar Luftlöcher bohrten und dadurch eine außergewöhnlich effiziente Brennstelle erhielten. Je nachdem, wie der Hobo-Kocher gemacht ist, entsteht ein mehr oder weniger starker Kamineffekt, der eine sehr heiße und schnelle Verbrennung bewirkt. Dadurch ist es möglich, den Hobo-Kocher, wenn er erst einmal brennt, auch mit feuchtem Brennstoff zu beschicken. Dieses Kochersystem hat sehr viele Anhänger gewonnen, weil es wirklich brennstoffunabhängig ist; irgendein brennbares Material findet sich überall. Der Betrieb ist daher billig, zu-

gleich aber auch zuverlässig. Hier können keine Düsen verstopfen oder Pumpsysteme versagen, es ist immer und unter fast allen Umständen möglich, auf diesem Kocher sein Essen oder ein Heißgetränk zuzubereiten. Im Vergleich mit dem offenen Feuer bietet der Hobo-Kocher den Hauptvorteil der wesentlich besseren Brennstoffausnutzung und der konzentrierteren Hitze, außerdem ist er im Betrieb sicherer.

Hobo-Kocher werden von verschiedenen Herstellern in diversen Formen angeboten, sie haben aber auch sehr viele Enthusiasten zu Eigenentwicklungen angeregt, die bis zum »IKEA-Hobo« reichen, der aus ein paar sehr preiswerten Dingen aus diesem Möbelhaus zweckentfremdet zusammengeschraubt wird. Wie auch immer man seinen Hobo-Kocher konstruiert: Er sollte unten ausreichende Öffnungen für die Zuluft und oben entsprechende Ausgänge für die Abluft haben. Auf dem Weg dazwischen sollte die Wand keine Löcher aufweisen, damit sich der beabsichtigte Kamineffekt entwickeln kann. Der vielleicht durchdachteste Hobo-Kocher trägt den ambitionierten Namen **Magic Flame** und wird von der Firma Künzi in der Schweiz produziert. Er kann sehr flach zusammengelegt werden und ist mit nur einem Handgriff betriebsbereit. Der Kocher selbst hat keine losen Teile, die man unterwegs verlieren könnte. Lediglich die zwei gebogenen Drähte, mit denen der Kocher für den Betrieb mit einem Trangia-Brenner oder für viele andere Zwecke eingerichtet werden kann, liegen lose dabei – anders geht es nicht. Aber selbst wenn man sie verlieren sollte, ist

Ein sehr praktischer und haltbarer Hobo-Kocher ist der Künzi Magic Flame.

der Kocher immer noch bestimmungsgemäß verwendbar. Er ist aus stabilen Edelstahlplatten sehr hochwertig gebaut und gilt allgemein als der perfekte Universalkocher für unterwegs. Seine Konstruktion ist auf die Begünstigung sehr effektiver Konvektionsverbrennung hin optimiert, tatsächlich entwickelt er nach einiger Zeit richtig viel Kraft. Der Nachteil eines Hobo-Kochers ist jedoch die Bildung von Ruß. Wenn man das vermeiden will, sollte man das Holz kritisch auswählen und zunächst warten, bis das Feuer richtig auf Touren ist. Dann bildet sich im Kocher ein größeres Glutbett, das rußfrei und ohne herausschlagende Flammen abbrennt. Unter normalen Bedingungen kann man mit einem Hobo-Kocher eine bedeutend höhere Wärmeabgabe erzielen als mit einem Gaskartuschenkocher.

Ein kontrovers diskutierter Vertreter der Hobo-Kocher ist der **Vital Stove**, bei dem die Luftzufuhr von einem elektrischen Gebläse bewerkstelligt wird. Unter dem Brennraum befindet sich eine Lochplatte, durch die das Feuer permanent angeblasen wird, ähnlich wie bei einem Airhockey-Tisch. Das Gebläse ist in zwei Stufen regelbar, außerdem kann man die Luftzufuhr mit einem Schieber drosseln. Dieses Konzept kann man kritisch sehen, weil die Abhängigkeit von einer Stromquelle eigentlich mit der Idee des Hobo-Kochers nur schlecht vereinbar erscheint. Schließlich soll dieser seinen Benutzer doch möglichst unabhängig machen. Andererseits kann man den Brennraum von der Gebläsebasis trennen und mit einer kleinen Improvisation erhöht aufstellen, damit er auch als einfacher Hobo-Kocher verwendet

Hobo-Kocher	
Funktionsweise und Bedienung	Universeller Kleinkocher, der alle Arten von festen Brennstoffen mit hoher Hitzeentwicklung verheizt.
Eigenschaften	Klein, leicht, sehr vielseitig, unabhängig von bestimmten Brennstoffen.
Vorteile	Macht Feuer aus jedem festen brennbaren Material, daher unabhängig und bei richtiger Verwendung umweltschonend.
Nachteile	Rußentwicklung, Funkenflug, wird im Betrieb sehr heiß.
Einsetzbar für folgende Systeme	Alle kleinen Kochgefäße, alle festen Brennstoffe, bei Verwendung eines geeigneten Brenners auch Spiritus.
⚠ **Vorsichtsmaßregeln**	Kein Wachs verwenden. Leicht entzündliche Flüssigkeiten nur in geeigneten Brennern verwenden. Auf Funkenflug achten. Nicht in feuergefährdeter Umgebung verwenden.

Hobo-Kocher

Der Vital-Stove, ein Hobo-Kocher mit Gebläse.

er etwas schwerer und lange nicht so handlich. Sehr gut kann man den Vital Stove übrigens mit ein paar Handvoll Pellets betreiben, die von oben herunterbrennen. Das funktioniert sehr gut, weil das Feuer von unten kontinuierlich mit Frischluft versorgt wird.

Wenn die Versorgung mit Batterien kein Problem darstellt oder man sich ein kleines Solarmodul mit Speicherakku als Ergänzung besorgt, ist der Vital Stove ein Kochgerät mit sehr überzeugender Leistung. Eine andere Frage ist es, ob man diese extreme Hitze wirklich benötigt, denn eigentlich wollen wir ja kochen und nicht schmieden. Ein offenkundiger Nachteil ist auch der teilweise extreme Funken- und Ascheflug, der sich aus der starken Luftströmung ergibt.

Es gibt Hobo-Kocher auch noch von einer Reihe anderer Hersteller, teilweise bestehen sie aus Einzelteilen, die sich zusammenstecken lassen, teilweise haben sie eine starre Form. Bei der Auswahl des passenden Modells kommt es auf zwei Eigenschaften an: erstens auf den Kamineffekt, ohne den ein Hobo-Kocher nicht richtig funktionieren kann, und zweitens auf eine gewisse Zuverlässigkeit des Materials. Von Titan ist in diesem Zusammenhang abzuraten. Ideal ist rostfreier Stahl in einer Wandstärke von mindestens 1 mm. Im Betrieb des Kochers kann man mit einem leichten Verziehen der Metallplatten rechnen. Das ist unvermeidbar, beeinträchtigt die Funktion des Kochers aber nicht. Dünne Platten mit einer Dicke von unter 1 mm sind völlig ungeeignet, in diesem Fall ist eine Eigenkonstruktion aus dem Riffelblech einer

werden kann. Und wenn die Gebläseeinheit betriebsfähig ist, bringt sie eben auch einen großen Vorteil, von dem man sofort überzeugt ist, wenn man die formidable Flammensäule gesehen hat, die aus diesem Apparat emporsteigt. Auch später, wenn das Brennmaterial verglüht, erscheint die ganze Sache ziemlich heiß. Nach einiger Zeit beginnen die Seitenwände von der Mitte her rot zu glühen.

Die Vorteile, die sich aus der Verbrennung mit Gebläse ergeben, sind erheblich. Betreibt man das Gerät jedoch auf Stufe 1 oder ohne Luftzufuhr, fallen die Flammen schnell zu einem mickrigen Geglose in sich zusammen. Stufe 2 holt aus dem Brennstoff alles heraus. Bei dem Vital Stove wurde das Wirkprinzip des Hobo-Kochers also durch eine technische Vorrichtung zur Verstärkung der Luftzufuhr zur Vollendung gebracht. Dieses handliche Gerät ist einer der leistungsstärksten Reisekocher überhaupt, er erreicht eine Energieleistung von etwa 6 kW und verbrennt praktisch alles, auch feuchtes Material, weitgehend rußarm. Im Vergleich zum Magic Flame ist gewöhnlichen Gemüsedose stabiler. Beachten Sie beim Kauf auch, ob man den Kocher auf verschiedene Arten aufbauen kann, um zum Beispiel einen ganz kleinen Brennraum zu bekommen. Das kann praktisch sein, wenn man einmal nur eine Tasse Suppe erhitzen will. Bedenkenswert ist auch die Möglichkeit, aus mehreren dieser Kocher eine größere Feuerstelle zu bauen.

ANZÜNDKAMINE

Wenn man mit Kohlebriketts arbeitet, merkt man schnell, wie langsam sich diese entzünden lassen. Sehr gut haben sich dafür sogenannte Anzündkamine bewährt, die zu Beginn der Grillsaison für geringes Geld in Baumärkten und im Lebensmittelhandel auftauchen. Diese Röhren besitzen einen hitzegeschützten Griff, einen gelochten Zwischenboden und einige Luftlöcher und kosten je nach Qualität zwischen 5 und 30 Euro. Normalerweise dienen sie ausschließlich dazu, Grillkohle und Grillbriketts schnell und zuverlässig anzuzünden. Dazu füllt man die gewünschte Menge des Brennmaterials hinein und entfacht unter dem Zwischenboden ein Feuer aus Papier oder zwei Grillanzündern. Nach etwa 15 min glühen die Kohlen vollständig und können nun im eigentlichen Kochgerät verwendet werden. Bei dieser Anzündmethode werden alle Kohlenstücke angezündet und nicht nur einige. Außerdem geht es schnell und macht wenig Arbeit, weshalb der Anzündkamin auch dann schon eine sehr gute Anschaffung ist, wenn man ihn nur als Hilfsgerät zum Kohlenanzünden verwenden will.

Anzündkamine gibt es in verschiedenen Preislagen und Qualitäten.

Der Anzündkamin ist baulich dem Hobo-Kocher sehr ähnlich, und so kann er auch als Kochstelle verwendet werden, zumal er etwas großzügiger proportioniert und daher unter Umständen standfester ist. Nur funktioniert er nicht mehr, sobald man die obere Öffnung mit einem Topf oder einer Bratpfanne verschließt. Die Abluft kann dann nicht mehr abziehen, folglich gibt es auch keinen Kamineffekt mehr, und die Kohlen bekommen nicht genug Frischluft. Wenn der Anzündkamin also als Kochstelle verwendet wird, sollte man zwischen der oberen Öffnung und dem darauf befindlichen Kochgeschirr genügend Platz lassen, damit die Abluft entweichen kann. Außerdem brauchen wir eine stabile Fläche, auf der z. B. ein kleiner Topf oder eine Espressokanne stehen kann, ohne in den Anzündkamin zu fallen.

Sofern die Frage der Abluftöffnung geklärt ist, bietet sich der in Eigenkonstruktion gebaute Topfstand als Kochplatte an. Er wird einfach oben auf den Anzündkamin gelegt, die Beine ragen dann funktionslos ins Innere. Durch die Regulierung des Luftaustritts kann man die Hitzeabgabe und Brenndauer der eingefüllten Kohlen recht genau regeln. Wenn man also ein Gericht langsam vor sich hin kochen lassen will, ohne es anbrennen zu lassen, dann gestaltet man die Luftöffnung etwas kleiner, und wenn man für eine Bratpfanne eine höhere Temperatur und kürzere Garzeit veranschlagt, vergrößert man den Abstand etwas. Wenn noch mehr Hitze benötigt wird, sollte man eher dünne Äste verwenden, die zwar schneller verbrennen, aber ihre Energie auch wesentlich schneller abgeben. Weil diese Anzündkamine leicht und handlich sind, eignen sie sich gerade auch für den mobilen Einsatz sehr gut.

HOLZGASKOCHER

In einer Abwandlung werden ähnlich konstruierte Geräte als Holzgaskocher angeboten. Oft handelt es sich dabei um Eigenkonstruktionen, bei denen verschieden große Blechdosen mehrwandig miteinander verbaut wurden, damit die bei Erhitzung aus dem Brennmaterial entströmenden Holzgase (überwiegend Methanol, sogenannter Holzgeist) in die Flamme geführt werden. Es gibt für diese Kocherart eine Reihe brauchbarer Bauanleitungen im Internet, außerdem kann man im Internet unter der Bezeichnung »Wood gas stove« eine Reihe interessanter Angebote finden. Holzvergaser dieser Art sind teilweise mit Gebläse ausgestattet und vereinigen die Vorzüge des Hobo-Kochers mit denen des Rocket Stove.

Anzündkamine	
Funktionsweise und Bedienung	Universell einsetzbare Röhre, mit der man Kohlen anzünden kann und die auch als Kochstelle benutzbar ist.
Eigenschaften	Durch die Bauform des Geräts entsteht ein Kamineffekt, der Kohlen schnell durchglüht und beim Kochen starke Hitze bereitstellt.
Vorteile	Billig, vielseitig verwendbar, hohe Effizienz.
Nachteile	Funktioniert nicht, wenn die obere Öffnung verschlossen wurde. Reisig und leichtes Holz ist öfters nachzulegen.
Einsetzbar für folgende Systeme	Töpfe, kleine Pfannen, alle festen Brennstoffe.
⚠ **Vorsichtsmaßregeln**	Auf Funkenflug achten. Gerät kann umkippen und wird im Betrieb heiß.

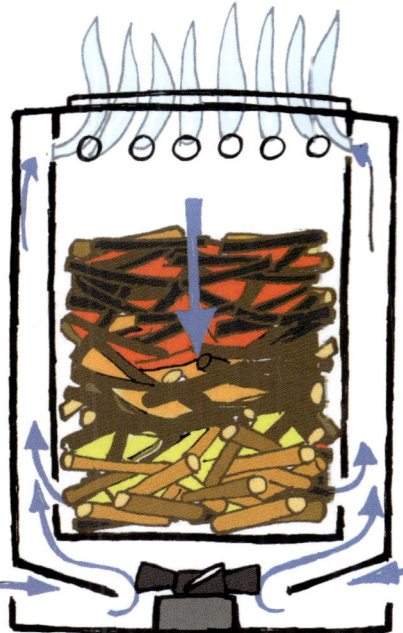

Die Funktionsweise des Holzgaskochers.

ve liefert schon in der kleinsten Baugröße eine Kochleistung von 3 kW. Das mittlere Modell »XL« ist mit 3,6 kW Leistung und einer Betriebsdauer von bis zu anderthalb Stunden mit nur einer Füllung Brennstoff geradezu der ideale Draußenkocher. Auf die Öffnung der Brennkammer des XL passen übrigens die beiden großen Modelle »Scout« und »Base Camp« des Kelly Kettle, auf das kleinere Modell LE kann man den kleinsten Kelly Kettle stellen (»Trekker«). Daneben gibt es noch ein deutlich größeres Gerät, das dann schon eher den Charakter eines Terrassenfeuers hat. Alle Modelle bewirken eine zweistufige Verbrennung. In der ersten Stufe wird Luft direkt an das Brenngut herangeführt, wo sie mit Rauch und Holzgeist ein gut brennbares Gasgemisch bildet. In der zweiten Stufe wird dieses Gemisch unter Zuführung weiterer Luft fast vollständig verbrannt. Dieses doppelstufige Prinzip ermöglicht eine sehr heiße, rückstandsfreie Verbrennung unter bestmöglicher

Sie erlauben eine kraftvolle Verbrennung mit vergleichsweise geringer Ruß- und Rauchentwicklung.

Während viele angebotene Holzgaskocher die Luftzufuhr rein passiv bewirken, nutzen die Exemplare der australischen Firma **Spenton LLC** eine aktive Ventilation. Diese Kocher wurden mit dem Ziel entwickelt, in Entwicklungsländern mehrere Probleme gleichzeitig zu lösen: Dort wird zwar traditionell sehr viel auf offenem Feuer gekocht, aber zum einen nicht sehr effizient und zudem nicht selten innerhalb der Wohnräume. Dies führt zu Gesundheitsbelastungen und trägt zu einer Verkleinerung der Holzressourcen bei. Die Idee war, mit den wirkungsstarken Holzkochern den Brennstoff wesentlich besser zu nutzen und dabei die Gesundheitsbelastungen zu vermindern. Der **Woodgas Sto-**

Ein Holzgaskocher.

Holzgaskocher

Ausnutzung des Brennmaterials. Das schöne Flammenbild wird durch die Luftlöcher am oberen Rand der Brennkammer geprägt.

Die verschiedenen Modelle der Woodgas Stoves sind einfach und sehr haltbar gefertigt. Sie bestehen aus genau passend gearbeiteten Hülsenteilen aus Stahlblech, die durch Nieten miteinander verbunden sind. Man kann sie also nicht auseinandernehmen, sie weisen aber eine sehr hohe Verbindungsfestigkeit auf. Sollte einmal eine Reparatur erforderlich sein, lassen sich die Nieten aufbohren. Die Verbindung kann anschließend mit Blechschrauben wiederhergestellt werden. Im Innern befindet sich ein hitzefestes Fasermaterial, bei dem es sich laut dem Hersteller nicht um Asbest handelt.

Der Woodgas Stove ist sorgfältig verarbeitet, stabil und haltbar. Laut Verpackung kommt das Gerät aus Indien. Es ist einfach gearbeitet, an der Unterseite macht sich das durch eine gewisse Kantenschärfe bemerkbar. Auch stellt man bei genauem Hinsehen kleine Unterschiede im Abstand der Luftlöcher fest. Wenn man es als das nimmt, was es ist, nämlich ein äußerst zweckmäßiges und sehr zuverlässiges Feuergerät für jede Art trockener Biomasse, wird man solche handwerklichen Unebenheiten gerne hinnehmen, da diese Kocher eben von Menschen gemacht werden. Die blitzblanke Oberfläche wird aufgrund des Gebrauchs mit der Zeit Patina erhalten. Je nach Einsatzbedingungen findet sich vielleicht auch die eine oder andere Delle ein. Anders als der Vital Stove ist der Holzkocher übrigens auf die Stromzu-

fuhr wirklich angewiesen, da sonst nicht genügend Sauerstoff an das Brennmaterial gelangt. Es ist deshalb wichtig, immer Reservebatterien dabeizuhaben.

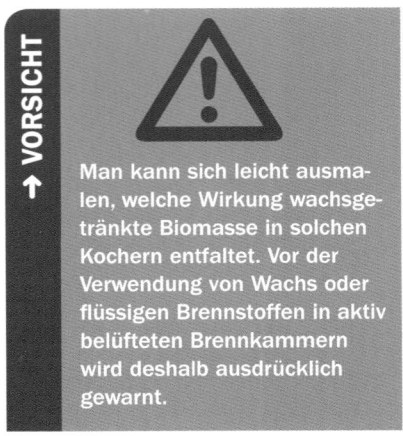

→ VORSICHT

Man kann sich leicht ausmalen, welche Wirkung wachsgetränkte Biomasse in solchen Kochern entfaltet. Vor der Verwendung von Wachs oder flüssigen Brennstoffen in aktiv belüfteten Brennkammern wird deshalb ausdrücklich gewarnt.

Wahrscheinlich stellen Konzepte wie das des Woodgas Stove die Zukunft der mobilen Freiluft-Kochstellen dar: Der Brennstoff ist überall kostenlos verfügbar, die Verbrennung läuft sehr sauber und frei von Belästigungen ab, und die Sache ist außerdem noch umweltfreundlich. Während nach und nach auch die Heizungssysteme von Häusern und Wohnungen auf Biomasse umgestellt werden, ist es nur folgerichtig, dieses bessere Prinzip auch für das Kochen auf Reisen und im Freien umzusetzen. Und die Energieabgabe bei Verwendung von trockenem Kleinholz kann sich wirklich sehen lassen. Ein Vorteil dieser Geräte liegt auch in der völligen Vermeidung von Folgekosten. Trotzdem sind sie nicht teurer als gute Benzinkocher, in denen aufwendigere Technik verbaut ist und die deshalb auch anfälliger für Betriebsstörungen sind. Im Vergleich mit konventionellen Kochern gleicher Leistung sind sie außerdem leichter.

Zu den Gründen, die für den Hobo-Kocher und seine Verwandten sprechen, gehört natürlich auch das sinnlich-romantische Betriebsbild. Ohne ein Lagerfeuer aufzubauen und sich mit seinen Risiken auseinandersetzen zu müssen, kann man mit dem Hobo-Kocher schnell ein stimmungsvolles »Dosenfeuer« zum Laufen bringen und auch relativ zügig wieder löschen. Je nach Bauart wird sogar der Boden unter dem Kocher vor Brandschäden geschützt, und die Feuergefahr ist erheblich geringer als die eines offenen Feuers. Noch weiter kann man das Feuer einsperren, wenn man den Hobo-Kocher oben mit einem kleinen Topfstand oder einer gelochten Stahlplatte zudeckt.

Der Hobo-Kocher ist ein äußerst vielseitig verwendbares Gerät, mit dem man sich vom Technik-Wettlauf verabschieden kann. Bei durchdachter Bauweise liefert er Leistungsdaten, die viele wesentlich teurere Kocher weit hinter sich lassen. Er kann mit jedem brennbaren Material betrieben werden und führt seinen Besitzer an den Ausgangspunkt des Kochens zurück. Ein guter Hobo-Kocher hat einen stattlichen Preis, allerdings fallen bei diesen Geräten keine Folgekosten an, weshalb sie sich rasch bezahlt machen.

GRILL

Auch der herkömmliche Grill kann unterwegs verwendet werden, sofern er nicht zu groß ist. Für seinen Betrieb braucht man vor allem gute Glut und genügend Zeit. Damit alle Kohlenstücke gleichzeitig glühen, sollte man einen Anzündkamin verwenden. Die Glut verteilt man dann gleichmäßig im Grill, wobei es sinnvoll sein kann, eine wärmere und eine weniger warme Zone einzurichten. Dann hat man auch einen Platz, wohin man die Würstchen retten kann, wenn sie schon anzubrennen drohen, weil noch jeder etwas auf dem Teller hat. Das direkte Grillen erfordert Geschick und Aufmerksamkeit, dafür nur wenig an Gerät: Ein passender Rost, zwischen ei-

Beim Neukauf eines Grills sollten Sie ein Modell mit Deckel wählen.

nigen Steinen über Kohlen aufgestellt, reicht aus. Es gibt auch Minimal-Grills, die nur aus einem Rost und einem Erdspieß zum Aufstellen bestehen. Der Rost sollte dicht genug an der Glut sein, damit das Fleisch scharf angebraten wird und sich dabei seine Poren schließen. Andererseits sollte er genügend Abstand haben, damit es auch innen allmählich durchgaren kann, ohne außen zu heiß zu werden. Das ist ein großer Teil der Grillkunst. Der Nachteil des offenen, direkten Grillens liegt in der ausschließlichen Unterhitze, die einem dabei zur Verfügung steht. Das verleitet viele Grillfreunde zu häufigem Wenden, was sich nachteilig auf das Ergebnis auswirkt. Voluminösere Dinge lassen sich so gar nicht grillen, lediglich mit einem eingehängten Drehspieß.

Das Braten in der Pfanne ist dem direkten Grillen nicht unähnlich, wobei es hier eine Barriere zwischen Hitzequelle und Speise gibt. Man kann die Pfanne einfach auf den Grillrost stellen. Natürlich erlaubt sie auch das Garen von Speisen, die beim Grillen durch den Rost fallen würden.

Bei der Anschaffung eines neuen Geräts sollte unbedingt ein **geschlossener Grill**, also ein Modell mit Deckel gewählt werden, weil sich aus dieser Konstruktion eine Reihe interessanter Möglichkeiten ergibt, auf die man bei Verwendung eines herkömmlichen Grills zu verzichten hatte. Derartige Geräte gibt es auch in einem reisetauglichen kleinen Format. Der geschlossene Grill erlaubt das **indirekte Grillen** und ermöglicht

Grill	
Funktionsweise und Bedienung	Der Grillrost wird stabil über einem Glutbett angebracht, danach legt man Fleischstücke oder Gemüse darauf. Der Garvorgang kann rapide verlaufen und ist regelmäßig zu kontrollieren.
Eigenschaften	Rustikale, vielseitige Möglichkeit des Garens. Hitzeregelung ist bei verschiedenen Glutzonen möglich. Grillgut, das zu lange auf dem Rost liegt, wird bald strohig.
Vorteile	Einfach, zweckmäßig, meistens schmackhaft.
Nachteile	Starke Hitze, Essen kann schnell verbrennen, herabtropfendes Fett teilt sich dem Grillgut mit.
Einsetzbar für folgende Systeme	Kohlenbett.
⚠ **Vorsichtsmaßregeln**	Herabtropfendes Fett kann zu Stichflammen führen.

dabei auch, falls gewünscht, das sanfte Räuchern. Geschlossene Grills unterscheiden sich von ihren Vorgängern im Grunde nur durch den Deckel und den dadurch entstehenden Raum. Während man beim offenen Grill nur auf dem Rost und in einem bestimmten Abstand zur Glut grillt und deshalb einen Teil der Verbrennungswärme ungenutzt in die Umgebung schickt, gart das Essen beim geschlossenen Grill in diesem Raum, in dem sich die Luft erhitzt und das Grillgut von allen Seiten schonend und gleichmäßig erwärmt. Im Vergleich zum direkten Grillen mit seiner scharfen, schwer kontrollierbaren Hitze ist das ein Fortschritt, der dem Schritt vom Kochtopf zum Kochen im Wasserbad entspricht. Außerdem wird dabei der Brennstoff besser genutzt.

Überraschenderweise liegt das eigentliche Geheimnis des indirekten Grillens aber darin, das Grillgut zunächst richtig hart anzubraten. Dieses Verfahren wird im Grilljargon als **Searing** bezeichnet: das Fleisch wird sehr kurz, aber wirklich sehr heiß angebrannt. Wenn es dadurch an den Kontaktstellen höchstens mittelbraun wird, ist es gerade richtig. Keinesfalls soll das Fleisch schwarz werden – das gilt übrigens für alle Zubereitungsarten! Durch das Searing schließen sich die Poren, das Fleisch bleibt also innen schön saftig. Zugleich entstehen bei diesem Verbrennen aber auch überwältigende Aromen. Nur durch dieses scharfe Anbraten ist das Fleisch richtig vorbereitet, um anschließend indirekt durchgegart zu werden. Die Vorteile des indirekten Grillens kann man also nur nutzen, wenn man am Anfang so direkt wie möglich grillt.

Mit dem geschlossenen Grill kann man das Grillgut langsam »backen«, es braucht dafür nicht einmal direkt über der Glut zu liegen. Sie kann zum Beispiel seitlich in einer Schale liegen und versorgt trotzdem den Braten, die Poularde oder die Folienkartoffeln von allen Seiten mit der gleichen Wärme. Es braucht also nichts gewendet zu werden, und es kann auch nichts so schnell anbrennen. Das geschlossene Grillen eignet sich immer dann, wenn es um dickeres Grillgut geht, das bis in die Tiefen durchgegart werden soll. Auf einer strammen Kohlenglut geht das nicht. Hier aber können ganze Brote gebacken werden. Auch »kurz gegrillte« Gerichte wie Steaks, Rippchen und kleine Fische sind mit geschlossenem Deckel besser bedient, weil sie nicht so stark austrocknen, die unterseitige Kohle wegen der kontrollierten Luftzufuhr nicht ganz so heiß glüht und das Grillgut, während es von unten gegart wird, auch noch von allen anderen Seiten Hitze abbekommt. Weil der Unterschied zwischen der Hitze von unten und von den anderen Seiten trotzdem noch hoch ist, müssen solche Stücke nach einigen Minuten gewendet werden. Sind sie bereits von allen Seiten gut gegart, kann man sie an den Rand legen und mit geschlossenem Deckel noch etwas ruhen lassen.

Das Räuchern mit dem geschlossenen Grill ermöglicht die Umsetzung schmackhafter Barbecue-Rezepte und gibt allen anderen Grillgerichten eine zart bis herb rauchige Note. Hierfür wird einfach während des Grillvorgangs der Deckel geöffnet und etwas in Wasser oder Whiskey eingeweichtes Holz auf die Glut ge-

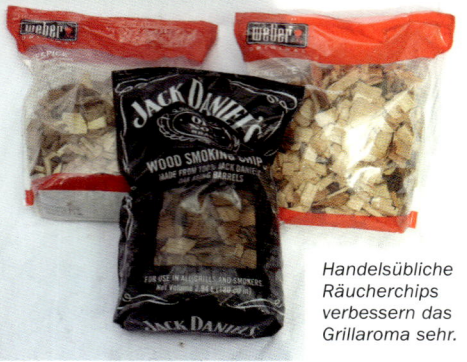

Handelsübliche Räucherchips verbessern das Grillaroma sehr.

legt. Bei geschlossenem Deckel und gut eingestellten Luftöffnungen entsteht dadurch Rauch, der sich auf dem Grillgut niederschlägt und ihm einen typisch rauchigen Geschmack verleiht. Als Räucherholz eignen sich sehr gut die verschiedenen Sorten der Firma Weber, Holzchips aus gebrauchten Whiskeyfässern sowie Obstholz aus dem eigenen Garten. Ein Ast vom Apfelbaum, getrocknet und dann durch den Gartenhäcksler gejagt, ergibt kostenlose aromatische Räucherchips. Sehr schön kann man auch mit Kräutern räuchern, etwa mit holzigen Zweigen vom Lavendel oder auch mit seinen Blütenständen. Die

Firma **Swiss Advance** bietet eine spezielle Kräutermischung für das Räuchern auf dem Grill an, die nicht nur ein besonders appetitliches Aroma aufweist, sondern auch deshalb empfohlen werden kann, weil die Kräuter aus biologischem Anbau stammen. Grundsätzlich sollte man die Räucherei nicht übertreiben, da sie bei zu hoher Dosierung unangenehm vorschmecken kann.

Der geschlossene Grill ist auch aufgrund seiner Energieeffizienz sehr empfehlenswert. Durch die Einstellung von Luftöffnungen an der Unterseite und am Deckel kann man die Grilltemperatur sehr genau regeln. Hierbei hilft ein Deckelthermometer sehr. Es ist entweder bereits montiert oder kann leicht nachträglich eingebaut werden. Wenn das Grillen beendet ist, kann man die noch vorhandene Kohle regelrecht abschalten, indem man alle Luftlöcher verschließt. Die Glut erstickt dann, die Kohlen sind

Geschlossener Grill	
Funktionsweise und Bedienung	Die geschlossene Bauform ermöglicht auch ein »Backen« des Grillguts mit gleichmäßiger, indirekter Hitze und der Möglichkeit des Räucherns. Meistens bessere Ergebnisse.
Eigenschaften	Siehe Grill.
Vorteile	Siehe Grill. Bietet außerdem die Möglichkeiten eines Backofens
Nachteile	Größere Abmessungen. Nur stationär einsetzbar.
Einsetzbar für folgende Systeme	Siehe Grill. Räucherchips.
⚠ **Vorsichtsmaßregeln**	Siehe Grill.

am nächsten Tag für ein neues Grillgericht verfügbar. Übrigens sind Grillbriketts im geschlossenen Grill die beste Wahl, weil sie eine gleichmäßige, nicht zu hohe und gut regelbare Hitze liefern.

Eine bereichernde Variante des Grills ist der **Smoker**, der jedoch wegen seiner Größe und seines Gewichts ziemlich ortsgebunden ist. Da er also für unterwegs nicht in Betracht kommt, wird er hier lediglich kurz erwähnt. Er gestattet eine extreme Form des indirekten, weniger heißen Grillens und Räucherns. Es sind kleine Räuchergrills erhältlich, die unter anderem mit ihrer guten Eignung für Reisen beworben werden. Streng genommen handelt es sich dabei nicht um echte Smokergrills mit den damit verbundenen Möglichkeiten, sondern um tragbare geschlossene Grills, die eine dem Smoker ähnliche Zubereitungsart erlauben.

Smoker	
Funktionsweise und Bedienung	Siehe geschlossener Grill.
Eigenschaften	Siehe geschlossener Grill.
Vorteile	Siehe geschlossener Grill.
Nachteile	Siehe geschlossener Grill.
Einsetzbar für folgende Systeme	Siehe geschlossener Grill.
⚠ Vorsichtsmaßregeln	Siehe geschlossener Grill.

ESBIT-TASCHENKOCHER

Der schon als Klassiker geltende Esbit-Taschenkocher wird, zurückhaltend formuliert, überschätzt. Er leistet weniger als ein Spirituskocher, verfügt über keinen guten Windschutz und ist für große Kochgefäße nur eingeschränkt geeignet. Die Idee hinter dem Esbit-Brennstoff war es, sich überall und jederzeit mit wenigen Handgriffen eine warme Mahlzeit zubereiten zu können. Das funktioniert, wenn man Speisen zur Verfügung hat, die schnell zubereitet werden können. Vieles, was länger garen sollte, fällt weg. Ganz in seinem Element ist der kleine Esbit-Kocher, wenn es ums Kaffeekochen, um ein Süppchen oder dünne Bratwürste geht. Auch Spiegeleier gart er schnell und gut. Als Kocher für anspruchsvollere Rezepte scheidet er aus, weil der Brennstoff schwach und nicht sehr dauerhaft ist und weil man einfach auch eine größere Kochstelle benötigt. Mit etwas Glück kann man auf dem Flohmarkt noch eine größere Variante dieses Kochers finden: Es wurden nämlich einmal stattliche

Brennt wie Esbit: Ersatzbrennstoff aus Tschechien.

Esbit-Taschenkocher

Kochstellen gefertigt, die über einen Federmechanismus einen großen Riegel Esbit selbsttätig an die Flamme führten. Solch ein Kocher überzeugt durch seine höhere Leistung und seine längere Kochzeit und stellt eine ernstzunehmende Möglichkeit dar, unterwegs oder im Garten in geeigneterer Dimensionierung zu kochen.

Die Klappkocher haben trotzdem ihren Sinn und vor allem eine treue Anhängerschar. Der Brennstoff ist, für sich genommen, auch zusammen mit anderen Kochsystemen einsetzbar. Andererseits lassen sich die Klappkocher auch als Not-Feuerstelle mit kleinen Zweigen und Holzstückchen befeuern. Es ist möglich, hierfür zwei Exemplare nebeneinanderzustellen. Man kann sie auch jeweils auf eine Langseite stellen, damit die Öffnungen zueinander gerichtet sind:

So entsteht aus zwei Esbit-Kochern ein improvisierter Hobo-Kocher. Außerdem kann man einen Esbit-Kocher (oder die eben vorgestellte Variante) problemlos mit einem Spiritusbrenner betreiben. Der kleine Esbit-Kocher ist also ein vielseitiger Begleiter, der mit etwas Phantasie auch für weiterreichende Einsatzzwecke genutzt werden kann. Sein geringes Packmaß und sein vertretbares Gewicht machen ihn zu einem Gerät, das man auch dann noch mitnehmen kann, wenn sonst nichts mehr geht. Es ist auch sehr vorteilhaft, zusammen mit dem Kochgerät den Brennstoff gleich mitzutransportieren. Esbit ist feuchtigkeitsempfindlich, wird aber in den neueren Packungen in wasserdichten Blistern geliefert, weshalb ihm auch Nässeeinwirkung nichts anhaben kann. Der Brennstoff eignet sich außerdem als zuverlässiger Anzünder für Holz und Kohlen.

Esbit-Taschenkocher	
Funktionsweise und Bedienung	Der kleine Kocher wird aufgestellt und bietet eine Brennstelle für einige Esbit-Tabletten, die man anzündet.
Eigenschaften	Praktischer, sehr handlicher und »immer bereiter« Kocher zum Erhitzen von Speisen, vor allem Fertigessen und Suppen. Zum Kochen nur sehr eingeschränkt verwendbar.
Vorteile	Klein, immer dabei, schnell in Betrieb zu nehmen, zuverlässige Hitzequelle für kleine Gerichte.
Nachteile	Zum Kochen zu schwach, beim Standardmodell außerdem für die meisten Gefäße zu kleine Standfläche.
Einsetzbar für folgende Systeme	Campinggeschirr, Tassen, Konserven, kleine Töpfe, Esbit, Reisig, leichtes Holz.
⚠ Vorsichtsmaßregeln	Nicht in geschlossenen Räumen verwenden.

SPIRITUSBRENNER

So simpel die kleinen, landläufig als Spiritusbrenner bekannten Töpfchen erscheinen mögen – sie sind technisch sehr ausgereifte Vergasersysteme mit beachtlichem Wirkungsgrad. Spiritus bringt von Haus aus nicht besonders viel Energie. Mit einem Brenner dieser Bauart wird aus dem Energieträger das Maximum herausgeholt. Die Funktionsweise des Spiritusbrenners beruht auf dem Vergaserprinzip. Zum Vorwärmen dient die einfache Verbrennung des Alkohols. Dadurch erhitzt sich das Messinggehäuse (die unten genannten Vargo-Brenner bestehen aus Titan) und leitet die Wärme an den Brennstoff weiter. In bestimmten Randbereichen des Brenners verdampft der Brennstoff und tritt in Form von heißem Dampf durch kleine Öffnungen aus. Die Flamme ähnelt der eines Gaskochers, ist aber wesentlich leiser und auch nicht so druckvoll. Den Spiritusbrenner selbst kann man nicht regeln, Abhilfe schafft ein aufgelegter Deckel mit einem regulierbaren Ausschnitt, durch den eine größere oder kleinere Flamme eingestellt werden kann. Zum Löschen schließt man den Brenner, indem man einen Deckel auflegt. Es dauert eine Weile, bis das Gehäuse dann wieder abgekühlt ist.

Spiritusbrenner und ein Eigenbau-Dosenkocher für Esbit.

Der Spiritusbrenner schlechthin ist der Trangia-Brenner aus Schweden: eine sinnvoll weiterentwickelte und auf höchstem technischen Niveau gefertigte Version des alten Vergaserbrenners, der schon vor dem Ersten Weltkrieg in zusammenlegbaren Wanderkochern mit Namen wie »Wandervogel« oder »Wanderlob« enthalten war. Der Trangia-Brenner ist streng genommen ein Nachbau des alten Vergaserbrenners. Die alten Spiritus-Vergaserbrenner waren ebenfalls aus Messing, hatten in praktisch gleicher Weise angeordnete Löcher und dazu noch den Vorteil eines größeren Brennstofftanks. Das Konzept des Trangia-Sturmkochers mit einem Blechmantel als Windschutz existierte in Deutschland schon vor hundert Jahren, und es gibt ähnliche Geräte auch von anderen Herstellern (Optimus, Meta). Die schwedische Weiterentwicklung brachte eine größere Dimensionierung und die Wahlmöglichkeit zwischen verschiedenen

ACHTUNG

Solche Brenner müssen aus möglichst wärmeleitfähigem Material bestehen, also aus Messing. Theoretisch wäre Kupfer noch besser.

Spiritusbrenner

Werkstoffen beim Kochgeschirr mit sich. Der Trangia-Brenner kann nicht für sich beanspruchen, das eigentliche Original zu sein, aber er ist der am besten verarbeitete Vertreter dieser Brennerfamilie.

Eine sehr populäre, baulich völlig gleiche, dabei aber deutlich günstigere Version kommt von der Firma **Alocs** in China, sie zeigt aber bei genauerem Hinsehen gewisse Schwächen in der Verarbeitung. Ihr Vorteil gegenüber dem Trangia-Brenner besteht in einem ausklappbaren Griff am Deckel, mit dem das Feuer besser gelöscht werden kann. Bei dem Spiritusbrenner der Firma Esbit, mit dem man dort eine eigene Spiritus-Linie aufgelegt hat, handelt es sich allem Anschein nach ebenfalls um das Alocs-Modell aus China, nur wesentlich teurer. Als technisch anspruchsvolle Weiterentwicklung in Richtung Minimalismus, jedoch ohne besonders ausgeprägtes Materialverständnis (was sich in der Wahl von Titan zeigt) kann man die drei Modelle der Firma **Vargo** ansehen, die jedoch nicht viel mehr als eine Kleinmahlzeit erhitzen können. Titan ist unter den in Betracht kommenden Metallen so ziemlich der schlechteste Wärmeleiter, dementsprechend schwach und langsam ist die notwendige Selbsterwärmung dieser Brenner im Betrieb. Von **Tatonka** gibt es ein dem Trangia-Brenner sehr ähnliches Modell aus Edelstahl, das aufgrund der schlechteren Wärmeleitfähigkeit dieses Materials ebenfalls nicht besonders gut geeignet ist. Aus gutem Grund sind die besten dieser Brenner mindestens aus Messing.

Spiritusbrenner	
Funktionsweise und Bedienung	Der Brenner wird mit Spiritus gefüllt und dieser entzündet. Durch die Hitzeentwicklung erwärmt sich der Brennstoff, und die Flamme wird stärker.
Eigenschaften	Ruhiger, gutmütiger und ausreichend starker Brenner für viele Zwecke. Bei Wind nur mit geeignetem Windschutz zu verwenden (Sturmkocher). Bei Kälte ist der Brenner anzuwärmen.
Vorteile	Billig, sparsam, handlich, dabei ausreichend leistungsstark. Im Vergleich zu Drucksystemen viel ungefährlicher.
Nachteile	Für längeres oder stärkeres Garen etwas schwach.
Einsetzbar für folgende Systeme	Alle Töpfe und Pfannen, Muurikka, Tatarenhut, Brennkorb.
⚠ Vorsichtsmaßregeln	Bei hellem Umgebungslicht sind Spiritusflammen nicht sichtbar! Umkippen vermeiden!

STURMKOCHER

Der Trangia-Brenner ist das Herzstück eines sehr zuverlässigen Kochsystems, dessen entscheidender Vorteil in einem sehr zweckmäßigen Windschutz liegt. Deshalb kann man den vergleichsweise schwachen Brenner als Spiritus-Sturmkocher auch in den kalten skandinavischen Wintern sehr gut zum Kochen im Freien verwenden. Die Idee ist wesentlich älter, als man bei Trangia zugeben würde: Ein kleiner Brenner wird in einem Schutzmantel aufgestellt und kann dort ungestört vor sich hin brennen, während außerhalb des Windschutzes die Gewalten toben. Durch diese Abgren-

zung von Wind, Regen und Schnee ist es möglich, mit wenig Brennstoff und einem eigentlich nicht besonders kraftvollen Brennsystem sehr schnell und leicht zu kochen, wogegen deutlich stärkere, aber nicht so gut gegen Wind geschützte Kocher aufgrund der Wetterverhältnisse wesentlich schlechter arbeiten würden. Die eigentliche Erfindung am **Trangia-Sturmkocher** ist keineswegs der Brenner, sondern sein sehr effektiver Wind- und Wetterschutz. Den Trangia-Sturmkocher kann man außerdem auch mit anderen Brennern betreiben. Er wird dadurch zum sturmfesten Gas-, Benzin- oder Petroleumkocher. Wenn man nicht gerade im Himalaya unterwegs ist, stellt schon die Basisversion ein hervorragendes System dar, das sogar in regelmäßigen, vom Hersteller ausgerichteten Wettbewerben von Gourmetköchen benutzt wird: Wer kocht auf dem Trangia-Kocher das beste Feinschmeckergericht? Die Ergebnisse können sich immer sehen lassen. Vielleicht auch, weil die Spiritusflamme mit dem Essen eher sanft umgeht.

Ein Vorteil dieses Konzepts, einen durchdachten Spiritusbrenner mit einem zweckmäßigen Windschutz zu kombinieren, liegt auch im Fehlen jeglicher Verschleißteile, von der Gummidichtung des Brenners einmal abgesehen. Es gibt keine Pumpen, keinen Regelhahn und nichts, was durch häufige Benutzung beschädigt werden könnte. Das ganze Kochsystem kann man außerdem zusammen mit dem nötigen Geschirr sehr platzsparend ineinanderlegen. Weil es sich um ein druckloses System mit einem vergleichsweise harmlosen Brennstoff handelt, ist der Trangia-Sturmkocher auch

Historischer Vorläufer des Trangia-Sturmkochers.

recht sicher. Und er verursacht kaum Betriebsgeräusche. Zu den Nachteilen gehört die relativ schwache Wirkung des Brennstoffs Spiritus – eine Brennerfüllung hält nicht lange vor. Bei extremen Wintertouren, auf denen man Wasser aus Schnee gewinnt, braucht man bis zu 1,5 l Spiritus pro Person und Woche. Die Flamme kann man nicht so einfach regulieren, wie man es von einem Gaskocher kennt, und bei großer Kälte sollte man den Spiritus ein Weilchen vorwärmen, um das System zum Laufen zu bringen. Ein Aspekt ist auch die Umweltfreundlichkeit der CO_2-neutralen Verbrennung des durch Gärung erzeugten Alkohols (solange seine Umweltbilanz durch den passenden Energieträger bei der Destillation unterstützt wird). Im Notfall kann man den kleinen Brenner auch mit möglichst starkem Schnaps oder einem technischen Alkohol (z. B. Isopropanol) betreiben.

CAMPINGKOCHER

Das mobile Kochgerät schlechthin ist der Campingkocher. Es gibt ihn in vielerlei Formen, technisch eher simpel oder anspruchsvoll, in unterschiedlichen Leistungsklassen und Preislagen. Kaum ein Thema wird derart lebhaft diskutiert wie die Frage nach dem perfekten Kocher, obwohl man mit Einfallsreichtum auch auf einem schlechten Gerät etwas Passables zustandebringt und die Einfallslosen auch auf dem besten Kochgerät nicht viel mehr als Spiegeleier hinbekommen. Wichtig ist unterwegs die gleichmäßige und regelbare Bereitstellung von Hitze. Besonders zweckmäßig sind deshalb Systeme, bei denen es nicht zu Engpässen beim Brennstoff kommen kann und die voraussichtlich nicht leicht kaputtgehen werden. Wir brauchen weder den heißesten noch den exklusivsten Kocher.

Sturmkocher	
Funktionsweise und Bedienung	Der Sturmkocher bietet dem Spiritusbrenner ein schützendes Gehäuse, mit dem er auch bei sehr hartem Wetter gut eingesetzt werden kann.
Eigenschaften	Schützt den Brenner gegen Wind und verkürzt die Garzeit beträchtlich.
Vorteile	Alle Teile lassen sich ineinander verstauen. Hervorragend geeignet bei Schnee, Regen und Sturm.
Nachteile	Das Packvolumen ist vergleichsweise groß. Das Material kann leicht beschädigt werden.
Einsetzbar für folgende Systeme	Ergänzend zum Spiritusbrenner. Zum Lieferumfang des Sturmkochers gehören auch die passenden Kochgefäße.
⚠ **Vorsichtsmaßregeln**	Siehe Spiritusbrenner.

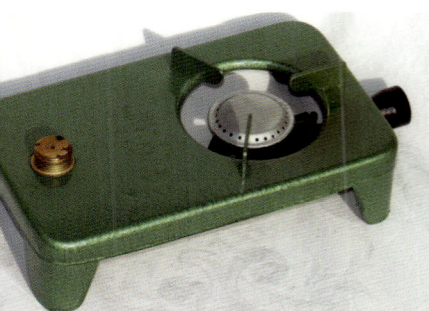

Simpel, aber sehr brauchbar: Spirituskocher aus der DDR.

Abgesehen davon ist ein hohes Maß an Betriebssicherheit wichtig. Alle anderen Fragen wie die von Packmaß, Gewicht, Höchstleistung oder Wechseldüsen sind dagegen eher nebensächlich.

Ein Wort zur **Leistung**. Normalerweise bereitet man auf einem Reisekocher keine sehr massigen Gerichte zu. Die hohen Leistungswerte, mit denen manche Kocher beworben werden, deuten auf eine Hitzeabgabe hin, die man für die Zubereitung kleiner Gerichte nicht benötigt. Im Gegenteil, das Essen brennt gerade bei Verwendung der dünnwandigen Campingtöpfe schnell an. Der hohe Energieumsatz wird außerdem durch hohen Brennstoffverbrauch erkauft. Ob man einen Liter Wasser auf einer Wanderung in vier oder sieben Minuten zum Kochen bringt, ist unerheblich. Ein sehr wichtiges Kriterium beim Kocherkauf ist dagegen die präzise Regelbarkeit im unteren Leistungsbereich. Nur wenn der Kocher in der Lage ist, ein Gericht auch langsam köcheln zu lassen, ist er für die Zubereitung von gutem Essen wirklich geeignet und erlaubt einen wirtschaftlichen Brennstoffeinsatz.

Der Zweck eines Kochers ist es, die mit dem Aufbau eines Kochfeuers verbundenen Notwendigkeiten und Risiken zu vermeiden. Die Entscheidung für einen Kocher, den man unterwegs verwenden will, hängt von den Gegebenheiten der Umgebung, von der persönlichen Einstellung und schließlich von den beabsichtigten Zubereitungsarten ab. Auch die Umweltverträglichkeit kann eine Rolle spielen. So ist ein Kocher, der Petroleum oder Benzin verbrennt, zwar sehr zuverlässig und im Verbrauch kostengünstig, er wird aber mit fossilen Brennstoffen betrieben und erfordert etwas mehr Geschick und Zuwendung als ein Gaskartuschenkocher. Bei der Auswahl sollte man auf jeden Fall auch die eigene Position zwischen Bequemlichkeit einerseits und Freude an technischer Betätigung andererseits berücksichtigen. Ein weiteres maßgebliches Motiv kann der Minimalismus sein: Kocher sollen dann entweder möglichst einfach konzipiert oder möglichst klein und leicht sein. Oder es ist umgekehrt Universalismus gefragt: Dann soll der Kocher möglichst überall funktionieren und für möglichst viele Zwecke geeignet sein.

Nicht zuletzt ist aber auch die Frage der verwendbaren **Brennstoffe** von Belang. Benzin bekommt man an jeder Tankstelle, Spiritus hat ein geringes Gewicht, Holz liegt überall herum, wo es Bäume gibt. Flüssige Brennstoffe verbrennen, wenn sie vor dem Verbrennungsvorgang einen Vergaser durchlaufen, eher rußarm und mit weniger starker Geruchsentwicklung. Das Gegenteil ist bei allen Dochtsystemen der Fall. Auch ein Vergaserkocher für Speiseöl wurde

Campingkocher

bereits entwickelt, der zunächst in Entwicklungsländern eingesetzt werden und dort den Umwelt- und Klimaschutz mit der Unabhängigkeit von fossilen Brennstoffen verbinden sollte. Auf diesen Protos-Kocher kommen wir gleich zu sprechen.

Kocher unterscheiden sich je nach Brennstoff und Verbrennungssystem vor allem hinsichtlich ihrer Energieabgabe. Die Spitzenplätze werden dabei von Benzin und Petroleum besetzt. Dann folgen mit abnehmender Heizkraft Gas, Spiritus und Esbit. Die Wärmeabgabe von Holz schwankt stark in Abhängigkeit von der Beschaffenheit des Materials und der Konstruktion des Kochers. Ein Kamineffekt wirkt sich hierbei leistungssteigernd aus. Die Energieabgabe von trockenem Holz in einem guten Kocher kann die eines Benzinkochers erreichen oder sogar übertreffen. Energieträger, die von selbst nachwachsen und nur das CO_2 freisetzen, das in ein paar Sommern in ihnen gespeichert worden ist, sind wesentlich umweltfreundlicher als solche aus fossilem Ursprung. Das Kochen mit Holz, Spiritus, Biodiesel oder Pflanzenöl ist daher umweltfreundlicher als die Verwendung von Benzin, Gas, Petroleum oder Dieselkraftstoff. Hierbei sollte jedoch auch berücksichtigt werden, welche Umweltbilanz sich beispielsweise aus dem Transport ergibt.

Moderne Kocher werden immer mehr auf Sparsamkeit und gute Ausnutzung des Brennstoffs hin weiterentwickelt. Außerdem sind heutige Kocher ihren Vorgängern in technischer Hinsicht und vor allem bezüglich ihrer Funktionssicher-

Coleman »Sportster«, ein recht zuverlässiger Benzin-Kocher mit viel Leistung.

heit überlegen. Die Energieeffizienz aller Kocher kann durch Verwendung eines Windschutzes und eines gut schließenden Topfdeckels erheblich verbessert werden. Ein grundlegender Wandel scheint sich in Bezug auf die Umweltbilanz des verwendeten Brennstoffs abzuzeichnen. Früher war es überhaupt kein Kriterium, ob ein Kocher mit fossilen oder nachwachsenden Brennstoffen betrieben wurde. Wichtig waren vor allem seine Zuverlässigkeit und die Betriebskosten. Inzwischen setzt sich der Wunsch durch, mit dem unspektakulären Brennstoff Holz Kochereigenschaften zu erzielen, die denen der konventionellen Geräte entsprechen. Ein weiterer Zukunftsbrennstoff ist, wie oben erwähnt, übrigens Speiseöl. Mit dem **Protos-Kocher** verfolgte eine Bosch-Siemens-Kooperation das Ziel, Menschen in Entwicklungsländern eine gesunde und umweltverträgliche Kochmöglichkeit zur Verfügung zu stellen. Die Wirklichkeit ist wie so oft eher deprimierend, da die niederländische Firma Waterland diese Kocherentwicklung dazu benutzt hat, um Bauern in asiatischen Entwicklungsregionen dazu zu drängen, in den Jatropha-Anbau einzusteigen. Aus dieser stark ölhaltigen Pflanze gewinnt man Biodiesel für Fluggesellschaften. In Europa ist der durchdachte Ölkocher einstweilen noch nicht erhältlich, Bosch und Siemens haben das Projekt beendet. Die Baupläne kann sich jeder kostenlos herunterladen – vielleicht findet sich ja eine Firma, die das Gerät herstellen und vermarkten will (http://www.bsh-group.de/index.php?127656).

Auch die **Benzinkocher** funktionieren mit einem Vergasersystem, weil flüssiges Benzin beim Verbrennen viel Ruß und einige Gerüche freisetzt. Durch das Verdampfen erhält man einen gasähnlichen Brennstoff, der kraftvoll und etwas sauberer verbrennt. Benzin steht als Kocherbrennstoff für hohe Leistungswerte und sparsamen Betrieb. Außerdem ist es überall problemlos erhältlich und kann auch gut mitgeführt werden.

Verschiedene Typen und Systeme von Kochern haben begeisterte Anhänger, die das jeweilige Modell mit einem gewissen Glaubenseifer verteidigen. Dabei ist die Wahl des Kochers, abgesehen von Aspekten wie technischer Funktionssicherheit und möglichen Gefahrenquellen, ein sehr subjektiver Vorgang, bei dem man sich über seine persönlichen Vorlieben Klarheit verschaffen sollte.

So hat man sich bei BSH die schöne neue Protos-Welt vorgestellt.

Campingkocher

Was ist Ihnen beim Kocherkauf wichtig?	Geeignete Systeme
Umweltverträglichkeit	Holz, Biomasse, Kohle, Spiritus
Sauberkeit (wenig Ruß)	Gas, evtl. Benzin, Spiritus
Verfügbarkeit des Brennstoffs	Petroleum, Benzin, Gas, Holz, Biomasse, Spiritus
Geringes Gewicht	Gas, Spiritus
Standfestigkeit	Holz, Biomasse, Kohle, Petroleum, Benzin
Hohe Leistung	Petroleum, Benzin, evtl. Holz
Niedrige Folgekosten	Holz, Biomasse
Zuverlässigkeit	Gas, Holz, Biomasse
Reparierbarkeit	Holz, Biomasse
Leichte Bedienbarkeit	Gas
Sicherheit	Holz, Biomasse
Technische Einfachheit	Holz, Biomasse
Reputation	Mehrstoffkocher, Benzin, evtl. Gas

Alle Benzinkocher arbeiten mit Druck, auch wenn man keine Pumpe daran findet. Pumpenlose Systeme wie der Optimus Svea, der Barthel Juwel oder auch das an einen Tauchsieder erinnernde Modell von Borde bewirken durch Erwärmung des Kochers die Ausdehnung der darin befindlichen Luft, welche dann den Brennstoff aus dem Tank treibt. Bei Pumpensystemen erledigt dies von Anfang an der durch das Pumpen aufgebaute Innendruck.

Bei den Benzinkochern gibt es größere Unterschiede hinsichtlich Bedienungsfreundlichkeit, Betriebssicherheit, Zuverlässigkeit und Geräuschentwicklung. Der **Juwel-Kocher** der Marke Barthel erzeugt im Betrieb eine Geräuschkulisse, deren Lärm sogar die an sich nicht gerade leisen Geräusche einer aufkochenden Espressokanne übertönt. Er pulsiert. Dieses flatternde, sehr technisch klingende Stöhnen des Brennersystems wird mit zunehmender Betriebs-

Der Optimus Svea ist ein kleiner, sehr zuverlässiger Benzinkocher.

temperatur immer schneller. Vor dem Überhitzen öffnet sich ein Sicherheitsventil und gibt den kochenden Brennstoff frei. Wenn sich dieser Strahl entzündet, kann die »Barthelbombe« durchaus

![Sportkocher für Benzin JUWEL 34 – VEB Lötgeräte Dresden, 8021 DRESDEN, Bärensteiner Straße 23/25]

Der »Juwel« von Barthel – auch nach Ende der DDR ein gefürchteter Kocher.

zum Gefahrenherd werden. Nicht ohne Grund trägt dieser Benzinkocher einige sprechende Spitznamen und wird wegen seiner sinnlichen Betriebsgeräusche zuweilen auch »Hubschrauber« genannt. Während es die einen ängstigt, wenn bei Überhitzung aus einem Sicherheitsventil eine Flammensäule aus kochendem Benzin schießt, nehmen andere die Herausforderung an, dieses obskure Ding und seine Eigenheiten beherrschen zu lernen. Angesichts des Ausmaßes, das die EU-Verordnungen bereits erreicht haben, ist die Möglichkeit, diesen kochenden Sprengkörper überhaupt noch frei verkaufen zu dürfen, sehr verwunderlich.

Pumpenlose Benzinkocher der klassischen Bauform, wie der Barthel Juwel einer ist, müssen jedoch weder unzuverlässig noch besonders gefährlich sein, wie ein optisch vergleichbares Modell, der **Optimus Svea**, zeigt. Auch hier befindet sich ein Brennerkopf über dem Tank, steuerbar über eine Ventilschraube, und umschlossen ist das System von einer Metallhülse mit Luftlöchern, an der oben

Campingkocher

Streben als Abstellhilfe für den Topf angebracht sind. Diese Kocher arbeiten nur mit dem Druck, der durch die Selbsterhitzung im Betrieb aufgebaut wird. Wer etwas nachhelfen will, kann sich eine kleine Pumpe und einen speziellen Tankdeckel besorgen, die von Fremdherstellern angeboten werden. Die Konstruktion ohne eingebaute Pumpe kommt mit sehr wenigen beweglichen Teilen und entsprechend weniger Verschleißstellen aus. Der Kocher ist sehr handlich und hat trotz materialüppiger Bauart ein akzeptables Gewicht. Dafür ist die Leistung im Vergleich zu einem Kocher mit Pumpensystem deutlich geringer. Wenn man alleine unterwegs ist und keine großen Gerichte zubereiten will, ist dieser Kocher ein sehr zuverlässiger – und mit seiner Messingoberfläche auch optisch ansprechender – Begleiter. Er ist kräftiger als ein Spiritusbrenner.

Ein schon lange sehr weit verbreitetes und durch viele Nachbauten geadeltes Modell mit Pumpe heißt in seiner aktuellen Version **Optimus Hiker** und wird in einer kleinen Klappdose aus Blech aufbewahrt. Zum Aufbauen öffnet man die Dose, zieht die Baugruppe aus Tank und Brenner nach vorne heraus, baut mit einer eingebauten Pumpe Druck im Tank auf und erhält dadurch im Vergleich zum Svea etwa die doppelte Leistung. Der Klappkocher verbrennt ohne Wechsel von Bauteilen sowohl Benzin als auch Dieselöl und Spiritus, was ihn gerade auf Reisen in unbekannte Gebiete zu einem sehr zuverlässigen, universell einsetzbaren Kleinkocher macht. Er ist der ideale Notkocher, darf aber wegen der verwendeten Brennstoffe nur im Freien benutzt werden. Durch die kompakte Bauweise mit der praktischen Klappdose kann er sehr gut transportiert

Der Optimus Hiker, ein solider Multifuel-Kocher.

werden und findet auch im Handschuhfach eines Autos Platz. Dabei sollte allerdings immer der Tankdruck abgelassen sein. Bei großer Hitze sollten benzingefüllte Kocher nicht im Auto zurückgelassen werden, weil die Ausgasung des Brennstoffs zu explosionsartigen Verpuffungen im Wageninneren führen kann. Die im Onlinehandel erhältlichen Nachbauten osteuropäischer Herkunft sind einfacher konstruiert und verfügen oft nicht über eine Pumpe, was mit dementsprechend geringerer Leistung einhergeht.

Weitere sehr zuverlässige Benzinkocher stammen von dem US-amerikanischen Hersteller Coleman. Teilweise lassen sie sich auch auf Petroleumbetrieb umrüsten, indem man das Vergaserrohr auswechselt. Sie arbeiten alle mit Pumpsystemen und sind in verschiedenen Baugrößen bis hinauf zum zweiflammigen Kochstand mit eingebautem Windschutz erhältlich. Das handliche Modell »Sportster« ist leistungsstark und zuverlässig, kann aber schon einmal durch austretenden Brennstoff auffallen, der sich unterhalb des Brennkopfes entzünden kann. In diesem Zusammenhang sind die für manche, Kocher erhältlichen Tankdeckel mit eingebauten Ventilen interessant. Damit lassen sich die Kocher an der Tankstelle oder per Fahrradpumpe unter Druck setzen. Für Coleman-Benzinkocher werden solche Ventilkappen in Amerika von der Bevölkerungsgruppe der »Amischen« angefertigt. Bestellen kann man sie auf der Internetseite www. oldcolemanparts.com. Sie sind ein sehr sinnvolles Zubehör, das für mehr Betriebssicherheit und längere Lebensdauer der Kocher sorgt, denn die eingebaute Pumpe wird dann nur noch als Reserve-

Bei Benzinkochern dieser Bauart sollte man auf eine Pumpe für den Tankdruck achten.

Campingkocher

pumpe gebraucht, während der Tankdruck künftig mit der Fahrradpumpe aufgebaut wird. Die Ventilkappen erlauben außerdem das einfache Ablassen des Tankdrucks nach der Benutzung, wodurch Auslaufen und Ausgasen verhindert wird und die Kocher vor allem beim Transport wesentlich sicherer gemacht werden. Soweit die Theorie. In der Praxis habe ich nach einer Weile erhebliche Schwergängigkeit der Ventile festgestellt, die sich dann nur noch bei immensem Pumpendruck öffneten.

Es gibt viele Arten von Druckkochern, wobei zuletzt Systeme auf sich aufmerksam gemacht haben, bei denen sich der Brennstoff in einer Flasche befindet, von der aus eine Leitung zum eigentlichen Kocher läuft. Diese Trennung in Tank und Brennkopf sorgt für etwas mehr Sicherheit und gibt mehr Flexibilität. So kann man einen derartigen Kocher sehr gut in einen Windschutz nach Art des Trangia-Sturmkochers einbauen. Noch entwickeltere Systeme zeichnen sich durch besondere Sicherheitseinrichtungen aus. Die genannten Klassiker folgen Konstruktionsprinzipien, die sich schon seit vielen Jahrzehnten bewähren und bei richtiger Verwendung ein Höchstmaß an Betriebssicherheit und Zuverlässigkeit bieten. Welchen Kocher man wählt, ist weitgehend eine Frage des Geschmacks und der technischen Prämissen. Sehr ausgereifte Systeme umfassen eher kleine Vergaserbügel, gute Regelmöglichkeiten und Sicherheitseinrichtungen. Tendenziell ist bei den moderneren Kochern die Flasche durch eine Leitung mit dem Brenner verbunden. Geräte, bei denen sich der Brennkopf direkt über dem Tank befindet, sind deshalb nicht schlechter, aber sie lassen sich nicht so flexibel verwenden. Außerdem kann es bei Undichtigkeit eher zu einer Flammenbildung kommen, weil der Tank näher an der Flamme ist. Auch traditionelle, etwas nostalgisch erscheinende Kocher können hervorragende Qualität bieten und äußerst zuverlässig funktionieren, wie die Modelle Hiker und Svea der Firma Optimus zeigen. Der Svea-Kocher sieht dem Juwel-Kocher ziemlich ähnlich, was über die bereits geschilderten großen Unterschiede hinsichtlich der Betriebssicherheit hinwegtäuschen kann. Außerdem ist er wesentlich kleiner.

Die einfachen, pumpenlosen Systeme liefern weniger Leistung als die teureren Pumpenkocher. Auch sie bedürfen aber der häufigen Wartung und haben bestimmte Teile, die ab und zu ausgewechselt werden müssen. Vor allem betrifft dies das Metallrohr, durch das der Brennstoff zur Düse fließt und in dem er durch die Flammenhitze verdampft wird. Je nach Qualität des verwendeten Brennstoffs sollte man diesen Bügel gegebenenfalls austauschen; es gibt aber auch Tüftler, die derartige Bügel durch feines Abschmirgeln des darinliegenden Drahts regeneriert haben. Wer diese Arbeiten so weit wie möglich hinauszögern will, der sollte für den Betrieb solcher Kocher hochreines Katalytbenzin verwenden. Manche Enthusiasten befassen sich auch mit dem Destillieren von Tankstellenbenzin, wovon aufgrund der davon ausgehenden erheblichen Gefahren nachdrücklich abgeraten wird.

Benzinkocher	
Funktionsweise und Bedienung	Der Tank wird mit einem geeigneten Brennstoff gefüllt. Beachten Sie hierzu unbedingt die Bedienungsanleitung, denn viele Kocher sind auf bestimmte Brennstoffe ausgelegt und dürfen nur mit diesen betrieben werden. Vor der Inbetriebnahme sind alle Regler zu schließen. Wenn der Kocher über eine Pumpe verfügt, ist damit Druck aufzubauen. Weist der Brenner eine Einrichtung zum Vorwärmen auf, dann wird darin zu diesem Zweck eine kleine Menge Spiritus verbrannt. Der Regler wird langsam geöffnet und der austretende Brennstoffdampf entzündet. Zum Beenden des Kochvorgangs schließt man den Regler – der noch im Vergaserrohr befindliche Brennstoff verbrennt, danach geht der Kocher aus.
Eigenschaften	Kräftiger und zuverlässiger Allzweckkocher, dessen Benutzung gewisse technische Kenntnisse voraussetzt.
Vorteile	Leistungsstark, im Verbrauch preisgünstig, Brennstoff nahezu überall verfügbar, plausible Handhabung, geringe Rußentwicklung.
Nachteile	Benzin ist gefährlich und gesundheitsschädlich, Kocher sind teilweise betreuungsintensiv.
Einsetzbar für folgende Systeme	Alle Töpfe und Pfannen. Eingebrannte Eisengefäße dürfen nicht auf Benzinkochern benutzt werden.
⚠ **Vorsichtsmaßregeln**	Bei allen Benzinkochern mit Pumpensystem darf man den Tankdruck während des Betriebs oder kurz danach nicht ablassen, weil es dabei zu Verpuffungen kommen kann. Der Kocher darf nur im Freien und nur auf einer sicheren, feuerfesten Unterlage betrieben werden. Nicht mit Wasser löschen!

Wer öfter auf solchen Kochern kochen will, sollte sich mit ihrer Funktionsweise, ihren Finessen und technischen Details vertraut machen. Sie benötigen in jedem Fall Aufmerksamkeit bei der Inbetriebnahme. Dafür bieten sie sehr hohe Leistung, Zuverlässigkeit, Unabhängigkeit und kostengünstigen Betrieb.

Petroleum, Diesel und Heizöl brennen ähnlich wie Benzin, sie sind aber dickflüssiger und können bei normaler Umgebungstemperatur nicht verpuffen. Petroleumkocher sind schwieriger zu starten und müssen in jedem Fall vorgeheizt werden, damit der Brennstoff den dampfförmigen Zustand erreicht.

Campingkocher

Petroleumkocher sind betriebssicherer als Benzinkocher, sie bringen eine ähnlich hohe Leistung und sind – ausreichende Wartung vorausgesetzt – ausgesprochen solide und zuverlässig. Der etwas höhere Wartungsbedarf ergibt sich aus dem »schwereren« Brennstoff, der nicht so sauber verbrennt wie Benzin. Der große Vorteil der Gruppe petroleumartiger Brennstoffe liegt in ihrer viel besseren Verfügbarkeit, auch im Vergleich zu bleifreiem Benzin. Falls man die Kocher mit Dieselkraftstoff oder Heizöl betreibt, sollte man diese Brennstoffe filtern, da sie oft Schwebstoffe enthalten.

Perfektus-Kocher. Baugleiche Messingkocher gibt es unter vielen Markennamen.

Manche dieser Kocher vertragen verschiedenartige Brennstoffe, meistens Benzin und Petroleum; sie werden deshalb als **Multifuel-Kocher** bezeichnet. Zuweilen ist für unterschiedliche Brennstoffe ein Umrüsten notwendig, also der Austausch bestimmter Teile wie Verdampferrohr oder Düse. Manche Kocher, z. B. der Optimus Hiker, bieten die Möglichkeit, ohne Umbau zwischen den verschiedenen Brennstoffen zu wechseln. Heute gibt es Kocher für alle Flüssigbrennstoffe. Zu den Modellen, die durch Auswechseln des Brennkopfs von Petroleumbetrieb auf die Verwendung von Benzin umgerüstet werden können, gehören die großen Messingkocher, die in der DDR unter dem Markennamen **BAT** hergestellt wurden, aber auch von Petromax, Optimus, Sievert und vielen anderen Herstellern bekannt sind. Sie sind etwa so aufgebaut wie der Optimus Svea ohne Windschutzhülse, haben meistens kein Regelventil und werden lediglich über den Tankdruck gesteuert. Können Kocher dieser Art zum Laufen

gebracht werden, tun sie mit hoher Wahrscheinlichkeit auf Dauer recht zuverlässig ihren Dienst. Ein Tankleck teilt sich unmittelbar durch das Auslaufen von Brennstoff oder ungenügenden Druckaufbau mit. Interessant ist an diesen Kochern übrigens der charaktervoll geformte Brennkopf, bei dem der Brennstoff aufgeheizte Röhren durchläuft, in denen er verdampft. Solche Brennköpfe gibt es für verschiedene Brennstoffe, außerdem werden sie in Geräusch- und Leisebrenner unterschieden. Die Geräuschbrenner zeichnen sich durch deutlich höhere Leistung und einen sehr martialischen Sound aus. Als leistungsfähige und stabile Kochstelle im Garten eignen sich diese weitverbreiteten und attraktiven Kocher gut, für die Mitnahme auf Wanderungen sind sie zu groß und zu unhandlich.

Ein sauberer, weitgehend sicherer und ziemlich universell einsetzbarer Kocherbrennstoff ist Gas. Es ist weltweit verfügbar und wird in vielen Gebindegrößen von der handlichen Kleinkartusche bis zur wuchtigen Gasflasche ausgeliefert.

Multifuel-Kocher	
Funktionsweise und Bedienung	Der Kocher wird nach Anleitung in Betrieb genommen und dient dann als Kochstelle.
Eigenschaften	Praktische, zuverlässige Kocher für den regelmäßigen Einsatz, die aber technisches Verständnis voraussetzen.
Vorteile	Wenn man damit umgehen kann, funktionieren sie praktisch immer und unter allen Bedingungen.
Nachteile	Drucksysteme sind bei austretendem Brennstoff gefährlich.
Einsetzbar für folgende Systeme	Alle Töpfe und Pfannen. Eingebrannte Eisengefäße dürfen nicht auf Benzinkochern benutzt werden.
⚠ **Vorsichts-maßregeln**	Bei allen Benzinkochern mit Pumpensystem darf man den Tankdruck während des Betriebs oder kurz danach nicht ablassen, weil es dabei zu Verpuffungen kommen kann. Der Kocher darf nur im Freien und nur auf einer sicheren, feuerfesten Unterlage betrieben werden. Nicht mit Wasser löschen!

Die meisten Behälter enthalten Propan und Butan in unterschiedlichen Mischungsverhältnissen. Bei Reisekochern sollte der Schraubkartusche der Vorzug vor der Stechkartusche gegeben werden, da es bei dieser gelegentlich zu Undichtigkeiten und Unfällen im Zusammenhang mit ausströmendem Gas gekommen ist. Gas-Kartuschenkocher sollten deshalb außerhalb des Zelts aufbewahrt und benutzt werden. Außerdem ist der Brennstoff vergleichsweise teuer, was diese Kocher bei häufigem Gebrauch unwirtschaftlich macht. Diesen Nachteilen stehen jedoch viele Vorteile gegenüber: Ihr Betrieb ist unkompliziert, sie lassen sich sehr präzise regulieren, und der Brennstoff liefert sehr viel Energie. Vor allem sind sie wohl die bequemsten Kocher, da man sich vor und während des Betriebs nicht weiter um sie zu kümmern braucht. Gas ist außerdem der sauberste unter den hier vorgestellten Brennstoffen, es gibt fast keinen Ruß, und der Geruch ist akzeptabel. Gaskocher sind außerdem so gut wie wartungsfrei: Wenn sie dicht sind, dann funktionieren sie auch.

Bei großer Kälte können sie jedoch unzuverlässig sein. Da die Ausdehnung des Gases in der Kartusche eine kühlende Wirkung hat, kann der Betrieb bei entsprechenden Umgebungsbedingungen zum Erliegen kommen. Außerdem ist nie klar, wieviel Gas sich noch in der Kartusche befindet, weshalb immer Ersatz mitgeführt werden sollte. Unterwegs

Campingkocher

ist die Versorgung mit passenden Kartuschen zuweilen schwierig. Und der Kartuschendruck geht deutlich zurück, wenn der Inhalt zur Neige geht, was sich in einem drastischen Leistungsabfall zeigt. Butan gilt außerdem als schädliches Treibhausgas; die aus zahllosen Kartuschen weltweit entweichenden Restmengen stellen ein erhebliches Umweltproblem dar. Auch die Kartusche selbst ist natürlich Müll, den man unterwegs nicht einfach herumliegen lassen will. Früher lief bei Gaskartuschenkochern, wenn diese einmal umfielen, flüssiges Gas in den Brennerkopf und löste dort Feuerbälle aus. Inzwischen haben die Markenhersteller aber Sicherungssysteme entwickelt, die Zwischenfälle dieser Art ausschließen.

Sogenannter Leisebrenner für Petroleumkocher, erkennbar an der gelochten Kuppel.

Ein wichtiges Kriterium bei Reisekochern ist deren Größe. Wer sich für einen Gaskocher entscheidet, verfolgt damit auch das Ziel, möglichst wenig mitschleppen zu müssen. Miniaturkocher lassen sich klein zusammenlegen und im letzten Winkel der Ausrüstung unterbringen; im Falle des Modells Crux von Optimus ist dies der Hohlraum unter der Gaskartusche – ein sonst wirklich ungenutzter Ort. Dieser Kocher leistet allerdings auch wenig und eignet sich nicht unbedingt zum Kochen größerer Portionen. Mit etwas mehr Platzbedarf sind Kochgeräte erhältlich, deren Leistungswerte mehr als das Erhitzen von Tütensuppen erlauben. Trotzdem ist die Möglichkeit, einen winzigen und doch vielleicht für den individuelle Bedarf ausreichenden Kocher einzupacken, für viele Anlässe bedenkenswert.

Bei der Wahl des Kochers sollte man unbedingt darauf achten, für welche **Kartuschenart** er geeignet ist. Solange man keine Systemadapter besitzt, bleibt man durch die Wahl des Kochers auf das jeweilige System festgelegt. Stechkartuschen bleiben an einem Verbraucher angeschlossen, bis sie entleert sind. Ventilkartuschen können zwischendurch abgenommen werden. Dadurch ist es z. B. möglich, mit einer Kartusche tagsüber den Kocher zu betreiben und abends eine Laterne daran anzuschließen. Man kann beliebig oft zwischen verschiedenen Verbrauchern wechseln oder auch zum besseren Transport Kartusche und Verbraucher getrennt verstauen. Bei derartigen Systemen braucht man nicht für jedes Gerät eine eigene Kartusche mitzunehmen, was sich bei kurzen Unternehmungen günstig aufs Gewicht auswirkt. Bei längeren Touren sollte man ohnehin Ersatzkartuschen im Gepäck haben. Wenn man mehrere Verbraucher verwenden will, ist es auf jeden Fall sinnvoll, bei allen ein einheitliches Kartuschensystem zu nutzen, denn dann können die Ersatzkartuschen für alle Geräten verwendet werden. Unter den Ventilsystemen ist dem Lindal-Ventil der Vorzug vor dem CV-Klemmventil der Marke Campingaz zu geben. Es ist weiter verbreitet und technisch ausgereifter, aufgrund der Herstellerkonkurrenz dürfte der Nachkauf außerdem kostengünstiger sein. Auch Coleman leistet sich den Luxus eines eigenen Ventilsystems, um seine Kunden zum Kauf der hauseigenen Kartuschen zu nötigen. Dieses XP-System ist aber nur in den USA ein Thema und in Europa keine echte Alternative. Auch die Campingaz-Geräte für Stechkartuschen legten ihre Besitzer früher auf die Kartuschen dieser Marke fest, die an der Oberseite bestimmte Eintiefungen aufweisen, um in die Geräte eingesetzt werden zu können. Inzwischen sind die Kartuschen der Fremdanbieter für eine problemlose Verwendung in den Markengeräten geformt. Das erlaubt dem Benutzer, sich für das Gasgemisch seiner Wahl zu entscheiden und dabei außerdem eine Menge Geld zu sparen.

Im Bereich der hochwertigen Gaskartuschenkocher gibt es praktisch keine Stechkartuschen. Allerdings sind diese weiter verbreitet und so auch an Orten zu bekommen, an denen die Versorgung mit Ventilkartuschen weniger gut ist. Von verschiedenen Anbietern gibt es deshalb Adapter, mit denen die Kocher dann zusammen mit Stechkartuschen verwendet werden können. SOTO hat für das Befüllen seiner kleinen Gaslaternen einen speziellen Adapter im Programm, der aus einer Schraubkartusche eine Nachfüllflasche mit Feuerzeugfüllstutzen macht.

Gaskocher sind in vielen Größen erhältlich und benötigen teilweise die großen Gasflaschen als Energievorrat. Erhältlich sind nicht nur ansprechende Kochstellen im emaillierten Blechgehäuse, die sich auch gut im Innenbereich oder im Wohnmobil verwenden lassen, sondern auch verschieden starke **Ringbrenner**, mit denen man viel Feuer unter eine große Paellapfanne bringen kann, sowie die etwas klobigen, aber

Mit Hockerkochern und Ringbrennern kann man schnell sehr viel Hitze bereitstellen.

bei handelt es sich um würfelförmige Metallgestelle, in denen ein großzügig bemessener Gasbrenner fest eingebaut ist; sie bringen problemlos einen ganz großen Suppentopf zum Kochen. Hockerkocher und Ringbrenner sind aufgrund ihres erheblichen Sauerstoffbedarfs ausschließlich für die Benutzung im Freien vorgesehen. Sicherheitsprobleme ergeben sich hauptsächlich im Bereich vom Flaschenventil bis zum Brenner. Undichtigkeiten und Schäden an der Leitung können hier zum Ausströmen von Gas führen. Bei sorgfältiger Kontrolle stellen die Großbrenner sehr zuverlässige und leistungsfähige Systeme für das Kochen sehr großer Mengen im Freien dar. Sie werden deshalb häufig für den Essensnachschub in kurzen Taktraten eingesetzt. Vor allem die systembedingt einfache Bedienung ist vorteilhaft; es ist möglich, das Feuer mit zwei Handgriffen zum Laufen zu bringen.

→ ZEHN DINGE, DIE MAN BEI KOCHERN UND LAMPEN BEACHTEN SOLLTE

- Brandgefahr / nur unter Aufsicht
- Kenntnis der Funktionsweise
- Dichtigkeit
- Brennstoff im Tank?
- Druckaufbau
- Intaktes Vergaserrohr
- Intakter Glühstrumpf
- Vorsicht bei spielenden Kindern
- Überhitzung vermeiden
- Im Freien auskühlen lassen

Gaskocher	
Funktionsweise und Bedienung	Der Kocher wird nach Anleitung in Betrieb genommen und dient dann als Kochstelle.
Eigenschaften	Sehr praktisch und handlich, schnell in Betrieb und auch schnell wieder aus. Punktueller Brennstoffeinsatz ist relativ wirtschaftlich.
Vorteile	Äußerst komfortabel, stinkt nicht, rußt nicht, gute Leistung. Brennstoff kann gut gelagert und mitgeführt werden, Kartuschen sind in vielen Ländern erhältlich.
Nachteile	Hohe Brennstoffkosten, bei sehr niedrigen Temperaturen unbrauchbar.
Einsetzbar für folgende Systeme	Alle Töpfe und Pfannen.
⚠ Vorsichtsmaßregeln	Bei Nichtgebrauch Gaszufuhr fest schließen, da austretendes Gas explodieren kann.

Worin kochen?

Auch bei den Kochgefäßen spielen Material- und Formatfragen eine wichtige Rolle, denn sehr schwere, unhandliche oder zerbrechliche Geräte eignen sich nur eingeschränkt für den Einsatz unterwegs. Andererseits haben sich insbesondere die schweren Deckeltöpfe aus gegossenem Eisen, wie sie als Dutch Oven oder Grapen bekannt sind, auf Reisen bestens bewährt. Sie waren in einem speziellen Küchenwagen untergebracht und stellten auf Expeditions- und Siedlerreisen die Versorgung mit gutem, gesundem Essen sicher. Daher werden hier auch die schweren Stücke beschrieben. Man kann sie natürlich nicht auf eine Rucksackwanderung mitnehmen, jedoch sehr wohl im Kofferraum transportieren und im Basislager verwenden. Und genau dies gilt dann auch für keramische Gefäße, wie sie nicht zufällig seit Jahrhunderten in Nordafrika bei Nomadenvölkern in intensivem Gebrauch sind.

MATERIALIEN

Bei den Kochgefäßen ist vor allem das Material wichtig sowie die funktionsgebende Form. Bei der Auswahl der Materialien müssen vor allem **Oberflächenbeschichtungen** kritisch begutachtet werden. Die Glasuren keramischer Gefäße können Schwermetalle enthalten, die mit den zubereiteten Speisen aufgenommen werden und sich im Körper ansammeln. Sind die Gefäße nicht glasiert, so sickern Teile der darin gekochten Flüssigkeiten in und durch das Material, was auf Dauer nicht sehr appetitlich ist. Auch ältere **Emaillierungen** können Schadstoffe enthalten, die sich nach und nach

dem Essen mitteilen. Genauso verhält es sich mit **verzinntem** Kupfergeschirr und Beschichtungen jeder Art, die nicht nur zur Verbesserung der Kocheigenschaften angebracht wurden. So macht ein Bastelbuch aus den 1930er Jahren den Vorschlag, alte Grapen vom Dachboden mit Bleimennige zu grundieren und dann schön anzumalen. Wer einem derartigen Oldtimer als Kochgerät neues Leben einhauchen will, riskiert Gesundheitsschäden. In grobkörnigen oder porösen Oberflächen können sich auch Schadstoffe festgesetzt haben, die beim Kochen in das Gefäß gelangt sind, denn alte Töpfe wurden unter Umständen nicht nur zum Essenkochen verwendet, sondern auch für recht ungezwungene chemische Experimente. Quecksilber, Arsen und Blei waren dabei ebenso populär wie giftige Farbstoffe. So reizvoll der Gedanke sein mag: Hüten Sie sich davor, Ihr Essen in antikem Kochgeschirr zuzubereiten, wenn es nicht gerade Erbstücke aus langem Familienbesitz sind. Neu produzierte Kochgeräte müssen sehr strenge Bestimmungen hinsichtlich der Lebensmittelverträglichkeit erfüllen. Solche Töpfe und Pfannen sehen genauso rustikal aus und geben keine Giftstoffe ab, sonst dürften sie in der EU nicht vertrieben werden.

Im Zusammenhang mit bestimmten Metallen tauchen gelegentlich Mutmaßungen über die Beimischung von wiederverwertetem Schrott auf. Wenn der Hersteller nicht ausdrücklich darauf hinweist, woher er seine Materialien bezieht, ist bei Produkten unklarer Herkunft und günstiger Preislage von der Beimischung wiederverwerteten Metalls auszugehen. Nicht unwesentlich dürfte die Frage sein, ob aus wiederverwerteten Altmetallen Schadstoffe in die Materialmasse übergehen und somit in Kontakt mit dem Essen kommen können. Für den Verbraucher ist es nicht möglich, die Materialgüte ohne großen Zeit- und Kostenaufwand zu überprüfen. Auch wenn es keine hundertprozentige Sicherheit gibt, ist man eher auf der sicheren Seite, wenn man nicht gerade die billigsten Produkte kauft. Hersteller, deren Produkte preislich im oberen Drittel des Marktes liegen, fertigen wahrscheinlich noch selbst und verwenden dafür einwandfreie Ausgangsstoffe. Auch wenn man den teils etwas blumigen Selbstdarstellungen der Firmen nicht alles zu glauben braucht, geben sie zuverlässig Auskunft darüber, wo sich der Fertigungsstandort befindet.

Auch die **Handhabbarkeit** entscheidet darüber, welches Material geeignet ist und welches eher nicht. Ein großer Dutch Oven, gefüllt mit einem Eintopfgericht, kann von einer zierlichen Person nicht problemlos herumgetragen werden. In solchen Fällen kann man das Essen zwar direkt von der Feuerstelle aus auf die Teller portionieren, aber Gewichtsfragen spielen auf jeden Fall eine wichtige Rolle. Schon eine Eisenpfanne kann je nach Größe recht schwer sein. Wenn man den sich daraus ergebenden Kraftsport vermeiden will, sollte man sich für Alternativen entscheiden, zum Beispiel aus Aluminium oder mit dünnerer Wandstärke.

Irdene Gefäße wurden lange Zeit zum Kochen benutzt, aber sie sind je nach Brenngrad empfindlich gegenüber schnellen Temperaturschwankungen, außerdem halten sie einen Sturz in der Regel nicht aus. **Steingut** ist ein Material, das schon in den ältesten Abschnitten der Menschheitsgeschichte zur Lagerung und Zubereitung von Lebensmitteln eingesetzt wurde. Es ist billig, sehr leicht zu verarbeiten, bei richtiger Behandlung dauerhaft haltbar und in der Verwendung ziemlich unkompliziert. In vielen Gegenden der Welt wird es auch heute noch verwendet. Bei uns hat es in den letzten Jahrzehnten als »Römertopf« aus guten Gründen viele Freunde gewonnen, und es kann nur empfohlen werden, sich mit diesem interessanten Kochgerät auseinanderzusetzen.

Aus zwei Gründen wird es in diesem Handbuch nur kurz erwähnt: Das Material ist empfindlich gegen Stoß und Sturz, und der Versuch des Ausglühens führt in der Regel ebenfalls zum Zerbrechen. Man kann es also beim stationären Kochen im Freien nur bedingt und auf Wanderungen überhaupt nicht verwenden. Gleiches gilt für die marokkanische Tajine. Beim Kauf älterer glasierter irdener Gefäße sollte man die Neigung mancher dieser Glasuren bedenken, unter Säureeinwirkung giftige Schwermetalle abzugeben. Wenn es ein Gebrauchsgerät sein soll, ist deshalb einem neuen Produkt stets der Vorzug zu geben.

Eine besondere Möglichkeit zum Garen bietet der **Schamottestein**. Es handelt sich dabei um eine etwa fingerdicke keramische Platte mit hervorragenden Wärmeleiteigenschaften. Auf zwei Zie-

Materialien

Nicht nur für Pizza: Der Schamottestein liefert gleichmäßig verteilte Hitze.

gelsteinen oder im Grill, mit ein paar Grillbriketts darunter, bietet der Schamottestein eine vorzügliche heiße Fläche zum Backen von dünnen Teigwaren, im geschlossenen Grill auch von Pizza, Flammkuchen und ähnlichen Dingen. Es lassen sich darauf, sofern die Hitze von allen Seiten einwirkt, auch Brötchen und sogar ganze Brote backen. Betreibt man ihn offen, bietet er eine interessante Alternative zum Stockbrot, denn auf ihm kann man schnell und unproblematisch dünne Teigstücke durchgaren. Da eine zu hohe Temperatur zum Anbrennen des Teiges führen kann, sollte man den Backvorgang sorgfältig beaufsichtigen und die Teigstücke gelegentlich wenden.

Ein besonders guter Wärmeleiter ist **Kupfer**, das aufgrund seiner Neigung zum Oxidieren (Grünspan) nur als Außenmaterial verwendet wird. Die Instandhaltung seines glänzenden Erscheinungsbilds erfordert sehr viel Pflege. Kupfer hat im Freiluftkochen praktisch keine Bedeutung. Es bietet zwar phänomenale Vorteile in Sachen Wärmeverteilung, ist aber empfindlich gegenüber

mechanischer Beanspruchung (Schlag, Schramme) und raubt seinem Besitzer viel Zeit fürs Polieren. Älteres verzinntes Kupfergeschirr kann Blei und andere giftige Metalle ans Essen abgeben, außerdem wird bei mechanischer Abnutzung der Verzinnung das Kupfer freigelegt. Problematisch ist außerdem die hohe Empfindlichkeit dieser Zinnschicht gegenüber Hitze. Die Nachteile des Kupfers überwiegen also deutlich, weswegen von diesem Material grundsätzlich abzuraten ist. Eine Ausnahme bilden Kochgefäße mit Sandwichböden, in denen eine Kupferschicht enthalten ist. Sie können sehr gut die punktuelle Hitze eines Reisekochers auf den ganzen Topfboden verteilen, ohne die negativen Eigenschaften dieses etwas schwierigen Materials spürbar zu machen. In der professionellen Küche hat Kupfer schon immer seinen Platz und genießt seit langer Zeit einen legendären Ruf, weil es bei richtiger Behandlung wirklich perfekte Eigenschaften hat.

Edelstahl ist langlebig und bleibt immer ansehnlich, weil er rostfrei ist. Vor allem zählt bei pragmatischen Kaufentscheidungen die Eignung des Materials für die Spülmaschine. Das Material ist hygienisch und robust. Deshalb ist es in der Küche zu einem der Klassiker aufgestiegen, ungeachtet seiner schlechten Wärmeleitfähigkeit, die es für Kochgeräte nicht gerade qualifiziert. Seine Wärmeleiteigenschaften sind wesentlich schlechter als die von Eisen. Für die Verwendung im Freien ist Edelstahl sehr gut geeignet, da er gut zu reinigen ist. Er wird allerdings schnell durch Rußablagerungen verunstaltet, die auf dem glänzend hellen Material sofort zu sehen sind. Mit einem verrußten Kochtopf kann man dann die ganze Spülmaschine samt Geschirrkörben und Inhalt verschmutzen. Für die Verwendung auf rußarmen Wärmequellen, als Tischgeschirr und Transportdose, schließlich auch als Besteck ist Edelstahl von Vorteil.

Titan ist noch edler und robuster, hat dafür aber eine noch wesentlich schlechtere Wärmeleitfähigkeit, weshalb solche Gefäße meist sehr dünnwandig hergestellt werden. Wasser, Stoß, Schlag und Hitze können dem Material nichts anhaben, da es extrem widerstandsfähig ist. Dafür kann es sich relativ leicht verfärben. Titan genießt unter Expeditionssportlern und Kletterern ein extremes Maß an Verehrung, das nur bedingt gerechtfertig ist. Im direkten Vergleich spricht einiges für Aluminium in einer stärkeren Materialausführung und mit hartanodisierter Oberfläche. Ein idealer Zusatznutzen des Titans liegt in seiner Ausstrahlung, es steht für Wertigkeit und hohe Kaufpreise.

Kochgefäße aus **Aluminium** haben bei ausreichender Materialstärke hinsichtlich der Wärmeleitfähigkeit ähnliche Eigenschaften wie solche aus Eisen, dabei aber ein viel geringeres Gewicht. Die Oberfläche dieser Gefäße bleibt immer blank, es bildet sich keine Patina. Die Vorzüge des Aluminiums liegen im günstigen Preis, niedrigen Gewicht und hervorragender Wärmeleitfähigkeit. Dafür ist es nicht abriebfest, und man kann es leicht verformen. Mit einem Schmelzpunkt von 650° C kann es schon einmal dem Kochfeuer zum Opfer fallen. Ein

weiterer Nachteil liegt in seiner Rostanfälligkeit. Aluminiumgeschirr steht außerdem im Verdacht, bei der Zubereitung und Aufbewahrung saurer Speisen Gehirnveränderungen zu begünstigen. Man sollte deshalb säurehaltige Speisen in Aluminium weder zubereiten noch lagern oder am besten gleich ganz auf Pfannen und Töpfe aus diesem Material verzichten. Aluminiumoberflächen nehmen außerdem mit der Zeit eine stumpfe Mattigkeit an. Das geringe Gewicht von Aluminium bei gleichzeitig hervorragender Wärmeverteilung macht es bei überlegtem Gebrauch auf Wanderungen trotzdem zu einem denkbaren Ersatz für Eisen.

Beim Draußenkochen sollte man auch das unvermeidbare Verrußen der Töpfe bedenken. Dies ist viel weniger der Fall, wenn man auf dem Kohlenbett arbeitet. Wo Flammen im Spiel sind, werden die verwendeten Töpfe außen schwarz. Bei gegossenem Kochgeschirr fällt das nicht weiter auf, kann aber zu Verschmutzungen der Ausrüstung führen. Es wird empfohlen, die äußere Unterseite des Kochgefäßes mit Spülmittel einzureiben, wodurch eine Barriere gebildet werden soll, die ein leichtes Abwaschen des Rußes erlaubt. Meine Versuche in dieser Richtung brachten bisher allerdings noch keine zufriedenstellenden Ergebnisse, dagegen scheint Aluminiumfolie als Barriere eine denkbare Möglichkeit zu sein. Spiritus soll weniger rußen, wenn man ihm 10 % Wasser zufügt. Die Rußbildung wird prinzipiell durch eine Verstärkung der Luftzufuhr vermindert, außerdem sollte der Brennstoff möglichst sauber und trocken sein.

Bei Kochgeschirr geht nichts über Eisen mit seinen hervorragenden Eigenschaften.

Eisen ist aus vielen Gründen das allerbeste Material für Kochgefäße: Es speichert und verteilt die Hitze sehr gut und verhindert dadurch weitgehend das Anbrennen der Speisen, es ist relativ pflegeleicht und hält den Körper gesund. Es verträgt auch höhere Temperaturen unbeschadet, ist kostengünstig, leicht zu verarbeiten und weltweit in großer Menge vorhanden. Allerdings ergeben sich Unterschiede aus der Art der Verarbeitung. Dünnes Blech bringt längst nicht so gute Ergebnisse wie eine mehrere Millimeter dicke Eisenplatte. Schlampige Hersteller liefern Gefäße mit ungleichmäßiger Materialstärke und mit Deckeln, die nicht genau schließen. Oft ist auch die Herkunft des Materials zweifelhaft, denn durch Materialwiederverwertung können auch abgefahrene Automotoren zu Kochgeschirr umgegossen werden. Preisunterschiede ergeben sich aus der Verwendung besserer Rohstoffe sowie aus den Unterschieden bei den Lohn- und Standortkosten, während es sich heute eigentlich kein Hersteller mehr erlauben kann, einen Mehrpreis nur für seinen guten Namen zu verlangen. Das bedeutet: Wer in diesem Bereich teuer kauft, der bekommt auch wirklich bessere Produkte.

Eisen hat man zu pflegen, damit es nicht rostet; bei Behandlungsfehlern können bestimmte Arten auch kaputtgehen, so zum Beispiel gegossenes Eisen, wenn man es mit kaltem Wasser abschreckt. Eisen ist hervorragend für verschiedene Kochgefäße geeignet, sowohl für den traditionellen Topf mit Deckel, der hier als Dutch Oven und Grapen bzw. Potjie noch ausführlich besprochen werden soll, als auch als Bratpfanne. Manche Hersteller überziehen die gegossenen Kochgefäße mit einer Emailleschicht. Dabei sollte einer dicken, glasharten Emaillierung immer der Vorzug vor Dünnschichten gegeben werden. Die europäischen Richtlinien für Oberflächen, die mit Lebensmitteln in Berührung kommen, sind äußerst streng und gelten natürlich auch für chinesische Produkte, die bei uns vertrieben werden. Wie lange so eine Schicht halten wird, ist eine andere Frage. Emailliertes Eisen braucht man nicht einzubrennen, außerdem ist hier die hygienische Emailleoberfläche mit den großen Vorzügen des schweren Eisens kombiniert. Das macht solche Gefäße praktischer und pflegeleichter. Allerdings ist Emaille empfindlicher als Eisen, und es kann bei nicht sachgemäßer Handhabung auch zum einen oder anderen Abplatzer kommen. Gegossenes Eisen und Schmiedeeisen weisen eklatante Unterschiede in ihren Materialeigenschaften auf, die einerseits durch einen niedrigeren Kohlenstoffanteil des Schmiedeeisens, andererseits durch verschiedene Fertigungsprozesse bedingt sind. Gegossenes Eisen kann man nicht schmieden, es ist grobkörnig und spröde, seine Zugfestigkeit ist geringer, die Steifigkeit und Formbeständigkeit höher, die Wärmeleitfähigkeit je nach Graphitanteil besser. Für Kochgefäße ist es besser geeignet, wenn man sie nicht so oft herumtragen will.

Zur Pflege von Eisengefäßen gehört es vor allem, auf Sauberkeit zu achten. Wenn sie richtig eingebrannt wurden, lassen sich aus ihnen alle Reste problemlos nur mit heißem Wasser und einer harten Bürste entfernen. Stahlwolle und Spülmittel greifen die Patina an und zerstören dadurch die Schutzschicht im Gefäß. Hartnäckige Reste können entfernt werden, wenn man sie einige Stunden lang mit heißem Wasser einweicht. Dazu kann der Topf auch noch mal aufs schwache Feuer gestellt werden. Empfindlich reagiert insbesondere gegossenes Eisen auf Temperaturschocks. Das Material zieht sich an der abgeschreckten Stelle ruckartig zusammen und zerbricht. Auch ein Sturz kann ein solches Kochgefäß sofort zerstören, deshalb sollte man es nicht unnötig herumtragen und schon gar nicht stolpern oder es aus der Hand

Immer noch eines der besten Werkzeuge für die Geschirrpflege ist die Spülbürste.

rutschen lassen. Im Betrieb sollte es natürlich nicht umkippen oder umfallen können, weshalb eine bodennahe Verwendung immer vorteilhaft ist. Ein weiteres Problem ergibt sich aus der Neigung des Eisens, unter normalen Witterungseinflüssen zu rosten. Da die Rostschicht gut durchlässig ist, schreitet diese Zersetzung immer weiter fort, im Extremfall bis zur vollständigen Zerstörung des Materials. Auch Säuren lassen ungeschütztes Eisen rosten. Das Material können Sie einerseits durch Schutzanstriche versiegeln, die jedoch bei Kochgefäßen nicht in Betracht kommen, andererseits durch das Überziehen der Oberfläche mit Speiseöl. Auch wenn bereits Rost aufgetreten ist, kann man das Kochgefäß wieder instandsetzen, solange die Korrosion nicht substanzgefährdende Ausmaße erreicht hat. Durch mechanische Behandlung wird der Rost entfernt und die darunterliegende Eisenoberfläche freigelegt. Diese ist anschließend ausreichend zu schützen.

Materialien

Auf Eisenoberflächen bildet sich bei Temperaturen über 180° C unter Einwirkung von Wasserdampf übrigens eine sehr stabile Schutzschicht aus **Magnetit** (Fe_3O_4), die industriell bereits als Oberflächenbeschichtung für Kochgeräte eingesetzt wird. Es wäre sicher vorteilhaft, wenn dieses Verfahren auch für die Veredelung der hier vorgestellten Töpfe und Pfannen in Betracht gezogen werden könnte. Sie wären dadurch weniger pflegeintensiv.

Vor dem ersten Gebrauch ist das Kochgefäß gründlich zu reinigen, da es oft ab Werk mit einer Wachs- oder Ölschicht versehen ist. Danach wird man es zunächst einbrennen. Manche Eisengefäße wie etwa die Dutch Ovens von Lodge werden schon fertig eingebrannt (»seasoned«) geliefert. Potjies des südafrikanischen Herstellers Best Duty oder auch die schmiedeeisernen Pfannen von Turk sind ab Werk geölt, aber nicht eingebrannt. Um Rost zu vermeiden, sollte man gegossenes wie auch geschmiedetes Eisen nach jeder Reinigung beziehungsweise vor jedem Gebrauch vollständig mit einem hitzeverträglichen Speiseöl einreiben. Nebenbei hat das einen wunderbaren Glanz zur Folge.

Zum **Einbrennen** verwendet man eine zuverlässige Hitzequelle, die das einzubrennende Kochgefäß vollständig umschließt. Hierfür ist ein großer Kugelgrill ideal, weil er viel aufnimmt und im Freien steht, was im Zusammenhang mit der Rauchentwicklung noch von Bedeutung sein wird. Auch im Backofen funktioniert es, man sollte aber sehr gut lüften. Das gereinigte und getrocknete Gefäß wird auf der gesamten Oberfläche mäßig mit Speiseöl eingerieben. Verwendet man dabei sehr viel Öl, können sich Tropfen und Streifen bilden, die sich als kleine Gebilde verfestigen. Besser ist es, nur wenig Öl zu verwenden und den Vorgang mehrmals zu wiederholen. Auf gegossenes Eisen kann etwas mehr Öl aufgetragen werden, weil es durch die poröse Materialstruktur gleichmäßiger festgehalten wird. Ganz glatte Oberflächen (kalt geschmiedetes oder gewalztes Blech) halten das Öl nicht so gut, beim Einbrennen bilden sich darauf Rinnsale.

Das geölte Geschirr stellt man kopfüber (Töpfe also mit der Öffnung nach unten) auf den Grillrost oder das Gitter im Backrohr und legt den Deckel entweder oben drauf oder stellt ihn aufrecht daneben. Der Backofen oder Kugelgrill wird dann auf 180° C erhitzt. Wenn diese Temperatur erreicht ist, hält man sie für etwa eine Stunde. Das Abkühlen sollte unbedingt langsam erfolgen, wobei der Grilldeckel bzw. das Backrohr geschlossen bleibt. Wenn die Sachen nur noch handwarm sind, kann man sie herausnehmen, nochmals dünn einölen und an einen trockenen Ort stellen.

↑ ACHTUNG

Eingebrannte und geölte Kochgefäße dürfen nicht in der Nähe von Benzin aufbewahrt oder auf Benzinkochern benutzt werden, weil sich das in die Umgebungsluft diffundierte krebserregende Benzol in der Ölschicht anreichert.

Beim Einbrennen verfestigt sich das Speiseöl zu einer lackartigen Schicht und zerfällt teilweise in kürzere Molekülketten, sogenannte Crackprodukte. Dabei wird die Schicht, wie man an hellen Eisenpfannen gut erkennen kann, zunächst nur goldbraun und nicht schwarz. Diese Patina wirkt einerseits als Oberflächenschutz, weil sie wasserabweisend ist. Andererseits schützt sie das Brat- oder Kochgut davor, an der heißen Oberfläche des Topfes oder der Pfanne kleben zu bleiben – sie ist also eine natürliche Antihaftbeschichtung. Den Grundstein dieser Patina legt man immer mit dem Einbrennen. Von da an wird das Gefäß nur noch mit heißem Wasser gereinigt, Spülmittel ist schädlich. Mit jeder Benutzung verbessert sich die Patinaschicht, und bei jedem Erhitzen wird sie gefestigt und sterilisiert. Wenn das Kochgefäß regelmäßig verwendet wird, bleibt auch die Patina appetitlich. Wenn das Gefäß lange nicht benutzt wird, kann sie, vor allem in geschlossenen Töpfen, allmählich muffig oder ranzig werden. In diesem Fall sollte man sie entfernen und das Gefäß wieder neu einbrennen. Eine Methode zur Behandlung von Kochgefäßen, die nicht muffig, sondern aufgrund häufigen Einölens außen etwas klebrig geworden sind, besteht in einem nachträglichen Einbrennen dieser Schicht ohne vorheriges Ausglühen. So können Sie die bereits vorhandene Patina weiternutzen. Im Zweifelsfalle ist jedoch das Ausglühen vorzuziehen, weil es das Material von Grund auf reinigt.

Wenn das Einbrennen zu heiß erfolgt und mit starker Rauchentwicklung einhergeht, brennt das Öl zunächst ein, zerfällt dann aber. Im Extremfall verwandelt es sich vollständig in Rauch und Asche. Ein versuchshalber eine Stunde lang im Backrohr bei 200° C eingebrannter Potjie der Größe 2 (6 l) zeigte denn auch hinterher auf der Außenseite leichten Flugrost. Offenbar war der Ölfilm an diesen Stellen zu dünn und die Temperatur zu hoch. Wenn man das Gefäß hinterher nochmals einölt, ist es zwar ebenfalls gut geschützt, doch sollte man beim Einbrennen die Temperatur von 180° C möglichst nicht überschreiten. Wenn es zu rauchen beginnt, sollte man die Temperatur etwas zurückfahren.

Das **Ausglühen** ist eine gute Methode, wenn man ein eisernes Kochgefäß sozusagen neu formatieren will. Die alte Patina und alle Verschmutzungen werden dabei restlos entfernt. Das Ausglühen erfolgt durch Hocherhitzen, am besten über einer Wärmequelle, die keinen Rauch abgibt, also über gut belüfteten Kohlenbriketts oder im Backofen (Pyrolyse-Programm). Wer einen Kaminofen besitzt, kann eine geschmiedete Pfanne ins heiße Glutbett legen und sie dort wirklich zur schwachen Rotglut bringen. Große Vorsicht ist geboten, wenn man die so heiße Pfanne herausnehmen will. Besser ist es, sie mit dem Kaminofen zusammen langsam abkühlen zu lassen. Auch ein Kugel- bzw. Deckelgrill kann für diesen Zweck verwendet werden, wenn man damit höhere Temperaturen erreicht (mindestens 300° C) und diese auch über einen längeren Zeitraum halten kann. Ansonsten tut es aber auch das Glutbett eines gut geführten Lagerfeuers. Aschereste lassen sich hinterher leicht abwischen.

Materialien

Besonders vorsichtig sollte man mit gegossenem Eisen umgehen, denn es reagiert sehr empfindlich auf Temperaturunterschiede. Hier ist es sinnvoll, das Gefäß stabil in einem zugluftsicheren Heißraum (Backofen, Kugelgrill) aufzustellen. Nach dem Ausglühen ist die Eisenpfanne selbstverständlich neu einzubrennen. In beiden Fällen gibt man dem Material hinterher genügend Zeit, langsam abzukühlen. Dabei bleibt der Deckel des Kugelgrills oder die Backrohrtür geschlossen.

→ ZEHN REGELN RUND UMS EISEN

- Ordentliche Vorbereitung (Einbrennen)
- Trockene Aufbewahrung
- Nicht bei Benzin lagern
- Regelmäßig einölen
- Nicht abschrecken
- Nicht kalt in heißes Feuer stellen
- Nicht fallen lassen
- Vorsicht, heiß!
- Gefüllte Gefäße sind sehr schwer
- Kippgefahr

PFANNE

Das Garen von Speisen auf einer Pfanne ist eine praktische und vielseitige Zubereitungsart. Unterwegs braucht man dafür lediglich die Pfanne und eine Kochstelle, die je nach Bedingungen auch aus einem kleinen Feuer bestehen kann. Der Vorteil der Pfanne liegt vor allem in der mit ihr zu erzielenden kurzen Garzeit. Als Material kommt nur Eisen infrage, weil Aluminium nicht ausreichend hitzebeständig ist. Auch dürfen keine Kunststoffteile oder Beschichtungen an der Pfanne vorhanden sein. Am besten ist eine geschmiedete Eisenpfanne mit ausreichender Materialstärke oder eine aus gegossenem Eisen. Unter den **geschmiedeten Pfannen** erkennt man die maschinengeschmiedeten an kreuzförmigen Strichen auf ihrer Oberfläche, die freiförmig warmgeschmiedeten weisen eine einzigartige Struktur und ein interessantes Farbspiel der Eisenoberfläche auf. Schon die maschinell erzeugten Eisenpfannen haben sehr gute Brateigenschaften. Die besonders wertvollen Stücke, die von Hand unter dem Gesenk geschmiedet werden, sind jedoch durch nichts zu übertreffen. Auf dem Ceranfeld oder der Herdplatte liegen sie zwar nicht ganz so plan auf, aber für Gaskochfelder oder die Verwendung draußen auf dem

Eine hochwertige Eisenpfanne kann man jeden Tag gebrauchen.

offenen Feuer sind sie sehr geeignet. Auch auf dem Induktionsherd sind sie die beste Wahl.

Diese auch als **freiform-warmgeschmiedet** bezeichneten Pfannen werden von Hand und mit dem Blick des erfahrenen Handwerkers aus dem rohen Stück geschlagen und unterscheiden sich mit ihrer einzigartigen Oberflächenstruktur von den Massenpfannen, die unter der Großpresse im Schnellverfahren kalt in die richtige Form geknallt werden. In der vom Schmied gemachten Eisenpfanne stecken Augenmaß und Sorgfalt; die Kante des Pfannenrands ist geschliffen, der durchgehende Stiel zeigt ebenfalls die Spuren des Handwerks. Vielleicht schmeckt ein Steak aus einer solchen Pfanne auch deshalb noch etwas besser. Rein kochtechnisch verbindet die handgeschmiedete Pfanne alle Vorzüge des Materials mit denen einer besonderen Oberflächentextur. Das zeigt sich schon in den besseren Eigenschaften dieser Pfannen beim Einbrennen. Warm geschmiedetes Eisen hat eine verdichtete Struktur und ist deutlich unempfindlicher als das spröde gegossene Eisen. Dafür weist es nicht seine Steifigkeit auf.

Zu den letzten Herstellern derartiger Pfannen gehört die Firma **Albert Turk.** Dort gibt es verschiedene Sorten tiefgezogener oder geschmiedeter Pfannen in unterschiedlichen Größen. Aufgrund ihres Gewichts ist eine sorgfältige Wahl der passenden Größe wichtig. Man kann darin zwar nicht problemlos ein Omelett wuppen, aber dafür sind die Brateigenschaften unübertrefflich. Turk-Pfannen genießen im professionellen Bereich

eine hohe Wertschätzung. Im Vergleich zu gegossenen Pfannen halte ich geschmiedete für besser und die freiformwarmgeschmiedeten Exemplare für die besten, weil sie unempfindlicher und etwas leichter sind als solche aus gegossenem Eisen und tatsächlich die besten Braterresultate liefern. Außerdem ist es faszinierend, wie sich die Handarbeit in das Material einschreibt. Wenn man bedenkt, wie lange man eine solche Pfanne benutzen kann, relativiert sich der höhere Preis recht schnell.

Die gegossene Pfanne hat den Vorteil völliger Formstabilität auch bei ungleichmäßiger Erhitzung. Bei ausreichender Materialstärke stehen ihr aber die geschmiedeten Pfannen nicht nach. Außerdem speichert die gegossene Pfanne wegen ihrer größeren Masse mehr Wärmeenergie, weshalb man mit ihr etwas gleichmäßiger braten kann. So verschieden die beiden Typen der eisernen Pfannen auch sind, haben sie doch viele

Auch das geht: Zwergenfeuer mit aufgelegter Walzblechpfanne.

Pfanne

Eine gegossene Pfanne von Skeppshult.

Vorteile gemeinsam: Bei richtiger Verwendung bilden sie eine dunkle Patina, die wie eine natürliche Antihaftbeschichtung wirkt. Sie lassen sich sehr hoch erhitzen, ohne Schaden zu nehmen, und dementsprechend lassen sich auf ihnen z. B. Steaks wirklich hart anbraten, damit sich die Poren schließen. Dafür ist bei einer gut eingearbeiteten Eisenpfanne nicht einmal Fett nötig. Eiserne Oberflächen müssen allerdings gepflegt werden.

→ HINWEIS

Wenn man schon einen Dutch Oven hat, kann man seinen Deckel umgedreht als sehr gute Eisen-Pfanne benutzen. Entscheidet man sich bei der nächsten Pfanne für Schmiedeeisen, hat man beide Varianten.

Eine hervorragende Ergänzung zur Eisenpfanne ist der Pfannenknecht, der entweder aus einem Ring oder Dreieck mit drei Beinen besteht oder als sinnvolle Klappkonstruktion aus zwei sinnreich geformten Eisenstreifen. Damit stellt man das Kochgefäß direkt ins mäßige Feuer oder in die Glut. Der Pfannenknecht hat idealerweise drei Beine, damit er nicht wackeln kann, und seine Höhe sollte es erlauben, das Feuer darunter zu führen, ohne das Kochgefäß zu weit von der Hitzequelle zu entfernen. Der klappbare und sehr stabile Pfannenknecht der Firma Venatus kann auch unterwegs gut verwendet werden und ist überall gut zu verstauen. Außerdem ist er groß genug, um auch besonders ausladenden Pfannen genügend Halt zu geben. Pfannen können mit dem Pfannenknecht besser verwendet werden, als wenn man sie direkt in die Glut stellt, und Kochtöpfe, die nicht selbst schon Beine haben, lassen sich damit ebenfalls auf diesen direkten Wärmequellen verwenden. Übrigens können Sie den Pfannenknecht auch sehr gut mit dem Spiritusbrenner kombinieren. Ist der Brenner dann zu weit vom Topfboden entfernt, bringt der Topfstand Abhilfe. Hat man sonst keine Möglichkeiten, stellt der Pfannenknecht immer noch eine Art Minimalherd dar, er sollte deshalb stets dabei sein, wenn es die Gegebenheiten zulassen. Ohne Feuer bietet der Pfannenknecht auch noch eine gute Standmöglichkeit für den Topf oder die Pfanne, wenn Hitzeschäden oder Verschmutzung vermieden werden sollen.

MUURIKKA

Der prinzipielle Unterschied zwischen der Pfanne und der Muurikka ist nicht groß. Diese Bratplatte aus Finnland kommt ohne langen Griff aus, dafür bringt sie gleich drei Beine mit, mit der man sie direkt ins Feuer oder auf ein Glutbett stellen kann. Sie kann sowohl aus starkem gewalztem Eisenblech als auch aus gegossenem Eisen bestehen. Die richtige Temperierung ist Übungssache, denn wenn die Muurikka einmal steht, wird sie schnell heiß und kann dann nur noch mit dicken Handschuhen (oder einigen Schwierigkeiten) umgesetzt werden. Auf einem lodernden Feu-

Pfannenknecht	
Funktionsweise und Bedienung	Praktisches zusammenklappbares Dreibein für Pfannen, aber auch für den Dutch Oven und andere Töpfe.
Eigenschaften	Der Pfannenknecht wird aufgeklappt über die Glut gestellt und dient dann als Stand für das Kochgefäß.
Vorteile	Transportabel, stabil, trägt auch schwere Gefäße.
Nachteile	Kein Windschutz
Einsetzbar für folgende Systeme	Pfannen, Töpfe, Dutch Oven, auch Grillrost.
⚠ Vorsichtsmaßregeln	Wird bei Gebrauch sehr heiß.

Muurikka

Die Beine einer Muurikka werden eingeschraubt.

er ist sie definitiv zu heiß. Mit drei oder vier Spiritusbrennern kann man sie recht gut anfeuern, allerdings benötigt man dafür ziemlich viel Brennstoff. Hat man kein heruntergebranntes Kochfeuer zur Verfügung oder scheut man den damit verbundenen Aufwand, kann man sie ganz gut mit dem Hammarö-Pelletbrenner kombinieren. Wenn man die Hitze punktförmig oder an einer Plattenhälfte an sie heranführt, kann man auf der Bratfläche verschieden temperierte Zonen nutzen, auf denen man vom scharfen Anbraten bis zum milden Warmhalten so ähnlich arbeiten kann wie im Wok. Die Grillplatte ist zur Mitte hin eingewölbt – hier kann man, wenn man will, im heißen Öl arbeiten. Die Wölbung kann man auch dazu nutzen, fettarm zu braten – dann nämlich nicht in der Mulde, sondern seitlich davon, von wo das Fett wegläuft. Auf der Muurikka ist alles möglich, was man auch in einer Bratpfanne zubereiten würde. Im Vergleich zum Grill bietet sie den großen Vorzug, das Grillgut nicht so sehr dem Feuer-

rauch auszusetzen, zum Beispiel durch herabtropfendes Fett. Das Braten in der Muurikka ist sauberer, das Essen kann zwar auch anbrennen, man braucht aber bei gut bemessener Hitze nicht aufpassen wie ein Luchs.

Schraubt man die Beine der Muurikka ab, wird diese zu einer gewölbten Pfanne, die man nun direkt auf dem Glutbett, auf einem Germanenherd oder einem Rocket Stove verwenden kann. Zusätzlich zu den langen Beinen kann man sich auch drei weitere kürzere Beine anschaffen, damit man mit der Muurikka über Grillbriketts arbeiten kann wie mit einem Dutch Oven.

Diese Pfannen sind keineswegs auf Finnland beschränkt. In Ungarn werden sie in ganz ähnlicher Form an vielen Plätzen verkauft und sind dort bei praktisch gleicher Qualität wesentlich billiger. Auch bei den ungarischen Exemplaren lassen sich die Beine leicht abschrauben, wodurch die Platte besser transportiert werden kann. Man braucht sie deshalb auch nicht im Garten stehen

Die Muurikka braucht kein Untergestell, weil sie Beine hat.

zu lassen, sondern sollte sie gleich nach Gebrauch reinigen und trocken im Haus aufbewahren, damit sie nicht rostet.

Der Muurikka ähnlich ist der asiatische **Wok**, der jedoch höher gewölbt ist und aufgrund seiner dünneren Wandstärke einen größeren Temperaturunterschied zwischen dem heißen und den nur warmen Bereichen zeigt. Abgesehen von der mangelnden Eignung des Woks,

auf eine Wanderung mitgenommen zu werden, kann er in der Freiluftküche hervorragend für leichte Gerichte mit Fleisch und Gemüse verwendet werden. Er kann mit einem Spiritusbrenner, aber auch gut auf dem umgedrehten Topfstand direkt über dem Kohlebett eingesetzt werden. Für langes, geschlossenes Garen ist er jedoch ungeeignet und wird bei Regen und Wind ebenfalls keine Freude machen.

Muurikka	
Funktionsweise und Bedienung	Die gewölbte Pfanne wird auf einer geeigneten Unterlage (oder eigenen Füßen) über einem Kohlenbett oder einem kleinen Feuer aufgestellt, dann kann man darin braten. Sie bietet von innen nach außen mehrere Zonen abnehmender Hitze.
Eigenschaften	Unhandliche, aber sehr zweckmäßige Bratfläche mit vielen Vorteilen gegenüber dem Grill.
Vorteile	Viel Platz zum Wenden des Bratguts, schnelles und schonendes Braten, Warmhaltemöglichkeit, hoher Erlebniswert.
Nachteile	Nicht sehr handlich, im Betrieb sehr heiß, bei Regen problematisch.
Einsetzbar für folgende Systeme	Kohlenbett, kleines Feuer, Spiritusbrenner, Pelletbrenner, Rocket Stove.
⚠ **Vorsichtsmaßregeln**	Über Feuer werden diese Pfannen sehr heiß. Da man sie dann nicht leicht umsetzen kann, droht ein Anbrennen des Bratguts ebenso wie die Überhitzung und Selbstentzündung des Fetts oder Öls. Nicht mit Wasser löschen!

Auch zum Niedertemperaturgaren bestens geeignet: gegossener Bräter von Skeppshult.

KOCHTOPF

Der Kochtopf ist neben der Pfanne das Kochgerät schlechthin und in jeder Küche zu finden. Mit seiner Handhabung ist jeder, der einigermaßen kochen kann, hinlänglich vertraut. Die Verwendung verschiedener Materialien (Eisen, Stahl, Aluminium, Kupfer usw.) und verschiedene Konstruktionen (z. B. Sandwichboden) schlägt sich unmittelbar in den Eigenschaften und Eigenheiten des Topfs nieder.

Für die Verwendung auf den verschiedenen Kochstellen eignet sich zunächst einmal jeder gewöhnliche Kochtopf aus der Küche, der unbeschädigt und von der Größe her geeignet ist. Eine ganz andere Frage ist es, ob der jeweilige Topf den Verschmutzungen ausgesetzt werden darf, die mit der Verwendung mancher Brennstoffe einhergehen. Schon deshalb ist es nicht verkehrt, sich für die Outdoorküche nach und nach eigene Töpfe zu besorgen, die entweder aus dem Küchenbestand ausgemustert oder extra für

die Verwendung im Freien ausgesucht werden. Und schließlich sollte der Topf auch zu der Kochstelle passen. Einen gegossenen Topf, der für die Verwendung direkt auf dem Kohlenbett vorgesehen ist, wird man nicht auf einen Leichtbaukocher stellen. Sehr wohl kann man in diesem Bereich aber schön improvisieren, indem man beispielsweise einen emaillierten Eisentopf auf einen Pfannenknecht stellt und von unten mit einem Spiritusbrenner beheizt. Das ist stabil und funktioniert sehr gut, wenn das Gericht nicht gerade zwei Stunden lang schmurgeln soll. Es ist also jeweils zu bedenken, was wie heiß und wie lange gekocht werden soll. Die richtige Kombination ist dann oft sehr schnell zu finden.

Eine Reihe von Töpfen hat sich beim Draußenkochen besonders gut bewährt und empfiehlt sich deshalb für den regelmäßigen Einsatz. Dabei handelt es sich um richtige Kochsysteme mit jeweils eigenen Eigenschaften und sich daraus ergebenden Zubereitungsmöglichkeiten. Damit sie richtig funktionieren, müssen sie einwandfrei gearbeitet sein. Bei gegossenen Töpfen zeigt sich das vor allem in einer gleichmäßigen Wandstärke und gutem, dichtem Sitz des Deckels auf dem Unterteil.

Der ideale Kochtopf ist der **Bräter** aus gegossenem Eisen mit einem dicht schließenden Deckel. In der klassischen Küche ist er das vielseitigste Kochgerät, denn er kann sowohl dem Herd als auch über jeder anderen geeigneten Hitzequelle betrieben werden. Im Backrohr ist er ganz in seinem Element und erfüllt dann die Aufgaben, die in Freien vom

Dutch Oven bewältigt werden. Wenn der Bräter einen planen Boden aufweist, kann er nicht nur auf allen Herdarten betrieben werden, sondern nebenbei auch auf dem Grillrost, im Kohlenbett, auf dem Pelletbrenner oder auf einem stabilen Reisekocher. Der Bräter ist somit der Universaltopf für das Kochen im Haus, unter freiem Himmel, auf Reisen oder im Garten. Wenn er aus Eisen gegossen ist, weist er die bekannten überragenden Wärmespeicherungseigenschaften auf.

Hervorragende Eisenbräter werden von der 1906 gegründeten schwedischen Gießerei **Skeppshult** angeboten. Vertrieben werden sie durch die **Kupfermanufaktur Weyersberg**. Zu ihren Vorzügen gehören beispielsweise leicht konkave Topfböden oder eine besonders gute Oberflächenstruktur. Vor allem sind die Deckel schwer und sitzen dicht auf den Brätern. Die Produkte sind bereits eingebrannt und können sofort in Gebrauch genommen werden. Der Hersteller gibt 25 Jahre Garantie. Die Firma Skeppshult hat sich daneben auch mit beachtlichen Anstrengungen in Sachen Umweltschutz hervorgetan und nutzt

Der Dutch Oven von Skeppshult hat keine Beine. Damit kommt man gut zurecht.

schon heute bis zu 100 % Strom aus Windenergie. Neben den klassischen Brätern mit 3 oder 4 l Volumen gibt es auch Gewürzmühlen, Pfannen und einen Dutch Oven.

Im Folgenden sollen zwei Kochgefäße behandelt werden, die auf ganz besondere Weise Tradition, Romantik und hohe Zweckmäßigkeit verbinden: der Grapen und der Dutch Oven. Mit dem Grapen ist nichts anderes gemeint als der aus der afrikanischen Küche nicht wegzudenkende Potjie. Ich verwende hier aber gerne die ältere Bezeichnung, weil dieses erstaunliche Kochgerät keineswegs auf den Kontext der südafrikanischen Küche beschränkt ist, sondern auch in Europa in vielen Jahrhunderten die Kochkultur geprägt hat. Der Dutch Oven ist das Kochgeschirr der amerikanischen Siedlerzeit und bringt neben seiner bemerkenswerten Vielseitigkeit echte Cowboyromantik ans Kohlenfeuer. Gut ist es, wenn man sich nicht zwischen beiden zu entscheiden braucht, sondern sie sich gegenseitig ergänzen. Der Dutch Oven ist dann eher (aber natürlich mit fließendem Übergang) für nicht so flüssige Rezepte geeignet und für alle, die Oberhitze erfordern. Der Grapen ist eher der Topf für Suppen und Eintöpfe, obwohl man in ihm die Zutaten auch scharf anbraten kann. Er empfiehlt sich insbesondere für jedes Suppen- und Eintopfrezept aus unseren Kochbüchern und für die exotischen Rezepte aus den Gegenden, in denen er heute ganz alltäglicher Bestandteil der Küchenausstattung ist. Nur am Rande sei das sehr schöne und ausgesprochen urige Aussehen beider Topfarten erwähnt.

Kochtopf

Der **Grapen** ist der Kochtopf unserer europäischen Geschichte. Er entstand bereits im 12. Jahrhundert und wird noch heute in der ursprünglichen Form verwendet – und zwar in Südafrika, wo seine spezifischen Eigenschaften die Küchenrezepte entscheidend mitprägten. Dorthin hatten ihn holländische Siedler mitgenommen, und ihre Pioniere trugen diesen Topf auf ihren langen Erkundungsreisen ins Landesinnere. In Südafrika und Namibia ist der alte dreibeinige Topf bis heute überaus populär, was nicht zuletzt an seinen besonders guten Eigenschaften liegt: Er »geht« mit jedem Feuer, erlaubt die Zubereitung sehr schmackhafter und gesunder Gerichte, ist im Betrieb sowohl kostengünstig als auch klimaneutral und hält bei richtiger Verwendung ewig. Noch etwas anderes kommt hinzu: Kein Kochgefäß kann es mit der ausgesprochen romantischen, urigen Ausstrahlung so eines Eisentopfes aufnehmen. Grapen waren zuerst aus Steingut, später stellte man sie aus Metall her, zunächst aus Bronze, später aus Eisen. In ihrer neusten Variation gibt es sie auch aus Aluminium, was vor allem den Vorteil des geringeren Gewichts mit sich bringt. Sie können sowohl im Freien als auch in der Küche verwendet werden; man braucht heute nicht mehr die Feuerstellen alter Hausküchen, denn mittlerweile gibt es solche Töpfe auch ohne Beine und mit außen abgeflachtem Boden – ideal für den Küchenherd. Zur traditionellen Verwendung stellt man sie einfach auf ein passendes Dreibein. An den Feuerstellen der alten Wohnhäuser stellte man den dreibeinigen Topf in die Flammen oder hängte ihn mit einem Haken darüber. Das Essen schnippelte man einfach hinein und ließ es mit Zeit und Ruhe vor sich hin garen. Genauso funktioniert die Sache auch heute noch, wobei einige Raffinesse durch das Anbraten bestimmter Zutaten wie Zwiebeln, Fleisch oder Kartoffelspalten am Topfboden hinzugekommen ist. Als wichtigstes Küchengerät (neben dem Messer) für Jahrhunderte hat es der Grapen sogar bis in verschiedene Wappen geschafft. Im ländlichen Bereich war er noch bis in die Mitte des 19. Jahrhunderts in alltäglichem Gebrauch.

Weil der Grapen eine runde, bauchige Form und drei Beine hat, kann man ihn zum Kochen direkt in ein Glutbett oder über gelindes Feuer stellen. Das Essen kann darin nicht anbrennen (zumindest nicht so schnell), weil der Saft sich immer unten an der heißesten Stelle sammelt. Der Grapen verfügt über eine hohe Masse und in der eisernen Version über ein stattliches Gewicht, weswegen er die Hitze gleichmäßig von allen Seiten an den Inhalt weitergibt und nach dem Kochen seinen Inhalt noch sehr lange warmhält.

Der Potjie ist ein traditioneller Grapen.

Potjie mit geschlossemen Deckel.

Er ist Ausgangspunkt einiger Weiterentwicklungen, die durch europäische Siedler in den neu erschlossenen Kontinenten verbreitet wurden. Zu nennen ist der Dutch Oven (unter anderem USA), der formidentische Camp Oven (Australien) und der dem Grapen völlig gleiche Potjie (Südafrika). Alle drei sind aus Eisen gegossen und haben die küchenrelevanten Vorzüge des Grapens beibehalten: gleichmäßiges, langsames Garen und gute Wärmespeicherung. Und je mehr Menschen diese Töpfe verwendeten, desto mehr und ausgefeiltere Rezepte wurden entwickelt.

Der südafrikanische **Potjie** (dt. »Pöttchen«) ist nach Form und Gestalt ganz und gar der alte Grapen, bis heute prägt er die südafrikanische Küche. Es gibt ihn in verschiedenen Ausführungen: von ganz klein (passend für einen einzelnen Bratapfel) bis zur enormen Größe von

70 l (zu beziehen bei **Venatus** oder **Potjierie**, siehe Bezugsquellenliste). Seine Beine sind länger als die des Dutch Oven, deshalb kann er auch schon auf die Glut gestellt werden, wenn da und dort noch ein Flämmchen herauszüngelt. Zuvor sollte man den Eisentopf neben dem Feuer von allen Seiten anwärmen, denn ebenso schädlich wie das Abschrecken ist für gegossenes Eisen auch plötzliche starke Erhitzung. Dann können sich Eisensplitter aus der äußeren Topfwand lösen. Wenn der Potjie gut vorgewärmt ist und bereits über der Glut aufgestellt wurde, kann man in ihm zunächst alles anbraten, was später im Eintopf eben gebraten sein soll, also Zwiebeln, Fleisch, Speck, Gemüse usw. Mit einem Schaumlöffel lassen sich diese Zutaten gut hineinlegen und auch wieder herausnehmen, um sie zunächst in einer Schüssel beiseitezustellen. Wenn alles angebraten ist, kommen die einzelnen Zutaten wieder in den Topf und werden je nach Rezept mit anderen Zutaten, Gewürzen und Flüssigkeit vermischt. Nun kommt der Deckel drauf und man kümmert sich ein paar Stunden lang nicht weiter darum. Wenn das Feuer nicht zu stark ist, kann man sich in dieser Zeit seinen Gästen zuwenden.

Soll die Unterhitze gesteigert werden, braucht man nur die Kohlen unter dem Topf etwas höher anzuhäufen. Und wer den Grapen wie einen Dutch Oven auch mit Oberhitze verwenden will und eine Verschmutzung des Essens durch Kohlenstücke oder Asche befürchtet, der braucht sich nur einen Blechstreifen (beispielsweise eine Kuchen-Springform mit veränderbarem Durchmesser) in der passenden Größe zu besorgen, der oben in die umlaufende Rinne des Deckels gestellt wird. Damit hat man eine wirkungsvolle Stütze für die Briketts. Mit etwas Sorgfalt kann man diese jedoch auch ohne solche Hilfsmittel oben auf den Deckel legen. Die Funktion und auch das Kochergebnis entsprechen dann denen des Dutch Oven vollauf. Hinzu kommt die Eigenschaft dieser Topfform, das Wasser immer unten bei der größten Hitze zu sammeln, was auch bei höheren Temperaturen ein Anbrennen verhindert.

Hinsichtlich der Größenauswahl kann als Faustregel gelten, pro Person einen Liter Topfinhalt zu rechnen. Man sollte aber immer die nächstgrößere Nummer wählen, damit man etwas Reserve hat – im größeren Topf kann man auch ein kleineres Gericht zubereiten, aber umgekehrt geht es nicht.

Wie man es auch vom Gulasch kennt, wird ein Potjie-Gericht nach und nach zu einer Einheit. Deshalb ist Geduld wichtig. Wenn Sie den Grapen als Potjie verwenden möchten, sollten Sie sich unbedingt die dazugehörigen Rezepte und vor allem die landestypischen Gewürze besorgen. Das bringt Vielfalt auf den Tisch und vermittelt uns etwas von der Kultur eines Landes, das vielen bis heute allenfalls aus Spendenaufrufen bekannt ist. Keineswegs ist man mit dieser Art Topf aber auf afrikanische Rezepte beschränkt.

Grapen/Potjie	
Funktionsweise und Bedienung	Der Topf wird langsam erhitzt und dann mit den Speisen gefüllt. Auf einem Kohlenbett kann das Essen langsam garen. Der Topf verteilt die Hitze gleichmäßig.
Eigenschaften	Hervorragender Allzweck-Kochtopf, der verschiedensten Gerichten eine rustikal-exotische Note gibt.
Vorteile	Einfache und sichere Handhabung, Gerichte gelingen praktisch immer.
Nachteile	Größere Töpfe sind gefüllt recht schwer. In weichem Boden können die dünnen Beine einsinken.
Einsetzbar für folgende Systeme	Kohlenbett, Feuerschale, Kochfeuer, neben Lagerfeuer, Potjie King, Pelletbrenner, evtl. Hobo-Kocher (weniger praktisch).
⚠ Vorsichtsmaßregeln	Der Topf darf nicht zu schnell erhitzt werden; er ist im Betrieb sehr heiß.

Eine sehr interessante Ergänzung zum Potjie stellt eine speziell für ihn entwickelte Kochstelle namens **Potjie King** dar, die einem Anzündkamin nicht unähnlich ist, aber Eigenschaften eines kleinen Herds aufweist. Auf den tonnenförmigen Kochplatz setzt man einfach einen passenden Potjie auf und befeuert ihn mit Grillbriketts, Kohle oder auch Holz. Er hat drei ausklappbare Beine und steht damit sicher und stabil. Diese Kombination eignet sich immer dann, wenn keine geeignete Kochstelle verfügbar ist oder wenn man offenes Feuer vermeiden sollte. Außerdem ist das Kochen mit diesem Hilfsgerät praktischer, weil man sich nicht erst um ein geeignetes Kochfeuer mit ausreichendem Glutbett kümmern braucht, und es ist effizienter, weil weniger Hitze verlorengeht. In der stabilen Blechtonne kann man ein Feuer schneller entzünden und besser am Laufen halten, außerdem schützt sie vor Wind.

Die Kombination aus Potjie und Potjie King ist dann auch den Topföfen sehr ähnlich, die man aus Darstellungen der frühen Neuzeit kennt. Vor allem Alchemisten und Apotheker verwendeten ähnliche Aufbauten als Hitzequelle für ihre Destilliergeräte. Auch in der Lebensmittelerzeugung und in alten Waschküchen hat sich das Grundsystem sehr gut bewährt. Der Potjie King kann sehr gut im Auto mitgenommen werden, er ist schnell und problemlos aufgebaut und kann sofort in Betrieb genommen werden. Eine gute Lösung, die man auch als Grill einsetzen kann.

Potjie King	
Funktionsweise und Bedienung	Diese Feuerstelle wird aufgestellt, mit Kohlen gefüllt und entzündet. Danach setzt man oben einen passenden Potjie ein. Das Gerät kann im Betrieb laufend nachgefüllt werden. Die Hitze können Sie regulieren.
Eigenschaften	Handlicher, für Potjies genau passender Herd, auf dem man auch grillen kann. Durch die Bauweise sehr guter Schutz gegen Wind.
Vorteile	Schnell aufgebaute, sichere Feuerstelle, standfest.
Nachteile	Wird im Betrieb sehr heiß
Einsetzbar für folgende Systeme	Potjie, evtl. Dutch Oven.
⚠ **Vorsichtsmaßregeln**	Das Gerät steht zwar stabil, kann aber umgeworfen werden. Es trennt zwar das Feuer von der Umgebung, dennoch kann es zu Funkenflug kommen.

Kochtopf

Ein Dutch Oven des renommierten Herstellers Lodge.

Ein solider Dutch Oven mit geschlossenem Deckel.

Eine Erweiterung der Zubereitungsmöglichkeiten ergab sich aus der Veränderung dieser Töpfe; nun konnte auch der Deckel mit glühenden Kohlen beheizt werden. Ursprünglich sahen die Eisentöpfe ungefähr wie runde Bräter mit Deckeln aus. Die Möglichkeit, den Dutch Oven von oben durch den Deckel zu erhitzen, hebt ihn deutlich vom Grapen ab, denn so ist ein regelrechtes Backen genauso möglich wie das Schmoren, Braten oder einfache Kochen. Wenn man gezwungen ist, sich für ein einziges Kochgerät zu entscheiden, ist der **Dutch Oven** aufgrund seiner großen Vielseitigkeit sicher die vernünftigste Wahl.

Es gibt mittlerweile eine ganze Reihe von Herstellern, die Dutch Ovens anbieten. Normalerweise bestehen diese Töpfe aus dem traditionellen Eisen, es gibt aber auch solche aus Edelstahl, die sich auch auf den Küchenherd oder ins Backrohr stellen lassen. Unter den gegossenen Modellen gibt es erhebliche Preis- und natürlich auch Qualitätsunterschiede. Der offensichtlichste Fehler eines Dutch Ovens ist es, wenn der Deckel nicht richtig schließt, sondern auf dem Topf wackelt. Dies ist produktionsbedingt, wenn das Deckelstück nach dem Gießen noch heiß emporgehoben wird, wodurch sich die Deckelseiten quer zur Richtung des Griffs senken. Vor allem bei größeren Deckeln und rationeller Produktion kommt dies häufig vor und sollte immer als Reklamationsgrund angesehen werden. Eine sorgfältigere Herstellungsweise dauert länger, erfordert mehr Aufmerksamkeit (nicht zuletzt auch eine gute Qualitätskontrolle) und schlägt sich natürlich in einem etwas höheren Preis nieder.

Ein weiterer Punkt, an dem insbesondere ostasiatische Hersteller gerne sparen, ist das Ausgangsmaterial. Während beispielsweise die amerikanische Firma **Lodge** (zu beziehen bei **Venatus** oder **BBQ County,** siehe Bezugsquellenliste) nur reines brasilianisches Eisenerz verarbeitet, verwendet man in China bedenkenlos Eisen aus Autoschrott zum Gießen der Teile. Für welche Marke man sich entscheidet, hängt sicher auch vom Preis ab, aber man sollte einmal den

Mehrbetrag für ein Qualitätsprodukt ins Verhältnis zu der langen Nutzungsdauer setzen. Ein Dutch Oven kann problemlos viele Jahrzehnte lang benutzt werden. Auch der Herstellungsvorgang selbst kann von unterschiedlicher Qualität sein. So bietet die österreichische Handelsfirma **Barbecue Point** unbezeichnete Dutch Ovens chinesischer Herkunft an, bei denen da und dort tiefe Furchen das Material durchziehen und sich auch mal ein kleines Gebirge in der Deckelnut bemerkbar macht.

Auch die Dutch Ovens der Marke **Barbecook** werden in China hergestellt. Sie sind mit einer Beschichtung versehen, die vom Anbieter als Emaillierung bezeichnet wird, in Wirklichkeit aber eher eine eingebrannte keramische Lasur ist. Wenn man mit Emaillegeschirr aufgewachsen ist, erwartet man eine relativ dicke, glasurartige Schicht, wie man sie beispielsweise von den Topfserien der Firma **Riess** kennt. Die Beschichtung der genannten Dutch Ovens ist sehr dünn und mechanisch relativ leicht zu beschädigen, außerdem wird sie bei sehr hoher Erhitzung rissig. Es ist auch nicht möglich, auf dieser Beschichtung eine stabile Patina aufzubauen.

Nachdem ich verschiedene Dutch Ovens miteinander verglichen habe, kann ich neben Lodge nur noch den Dutch Oven von **Skeppshult** empfehlen, der etwa der Größe 12" tief entspricht, allerdings keine Beine hat. Das aber macht ihn zu einem universellen Bräter mit Dutch-Oven-Deckel. Er kann mit einem Pfannenknecht, ein paar Steinen auf dem Kohlenbett oder einem

Feuer benutzt werden, aber auch zuhause auf der Herdplatte oder im Backrohr. Es gibt keinen Topf, der auf ähnlich überzeugende Weise die Möglichkeiten des Dutch Ovens für jede Art von Hitzequellen erschließt. Nur besteht auch hier die Unverträglichkeit gegenüber Benzinkochern, weil sich gefährliches Benzol in der Patina anreichern kann. Die Firma Skeppshult stellt außerdem hochwertige Bräter, Gewürzmühlen und verschiedene Pfannen unter Einhaltung sehr hoher Selbstverpflichtungen in Sachen Umweltschutz her. Vertrieben werden diese Produkte durch die **Kupfermanufaktur Weyersberg**.

Bei der Auswahl stellt sich bald auch die Frage nach der »richtigen« Größe. Und da zeigt sich sehr schnell, wie wenig ausreichend ein einzelner Dutch Oven ist. Sinnvoll ist ein größeres Modell, falls mehr Leute zu bekochen sind, und ein kleinerer Topf für alltags. Als recht universell einsetzbar erweist sich die Größe 12" tief. In Ergänzung kann man sich dann ein Gefäß in der Größe 10" flach dazustellen. Mit diesen beiden Größen ist man für die meisten Zwecke sehr gut ausgestattet. Als Faustformel gilt ein Liter Inhalt pro Person, sicherheitshalber sollte man aber immer eine Nummer größer wählen (manche Zubereitungen benötigen etwas mehr Platz und manche Gäste haben besonders viel Appetit). Flache Exemplare bringen mehr Oberhitze an das Essen heran, sie eignen sich deshalb besser für Brot, Mehlspeisen und Pizza, während die tiefen Töpfe besser zum »Safteln« geeignet sind und bei Schweinebraten und Poularden die bessere Wahl darstellen.

Kochtopf

Der Dutch Oven eignet sich prinzipiell für alle Arten der Zubereitung: Man kann in ihm backen, garen, dünsten, frittieren und braten. Überbackenes, Pizza, gebräunte Nachtische, gebackenes Brot, Krustenbraten und viele weitere Zubereitungen gelingen im Dutch Oven ganz hervorragend, denn in ihm verbinden sich die Eigenschaften von Kochtopf und Backrohr. Ein wichtiges Geheimnis ist dabei der Dampf im Topf, und deshalb ist eine sicher schließende Verbindung zwischen Topf und Deckel so wichtig. Wenn die Sache zu trocken gart, kann der Inhalt austrocknen und anbrennen. Mit ausreichend Flüssigkeit gart das Gericht gleichmäßig von allen Seiten, die Hitze wird im Topf sehr gut verteilt, und das Ergebnis ist so knusprig, wie es sein soll. Ganz an die Wirkung eines Dampfkochtopfs kommt dieses Verfahren nicht heran, aber das Prinzip ist gleich, denn auch im Dutch Oven ist es der Dampf, der das Essen gart. Er teilt sich dem Zuschauer im Betriebszustand in Form von dampfigen, sehr aromatischen Wolken mit. So kann man auch riechen, wie es mit dem Essen vorangeht.

Der Dutch Oven ist sozusagen der Alleskönner (was weitgehend auch für seinen kroatischen Verwandten, den **Peka-Topf**, gilt, dessen martialische Form stark an eine Seemine erinnert). Er verbindet die Vorzüge verschiedener Systeme und kann mehr als jedes andere Kochgerät. Als die gegossenen Deckeltöpfe von den Deutschen aus Pennsylvania mit den Siedlertrecks in den Westen mitgenommen wurden, entstanden aus der Praxis heraus immer neue Rezepte. Man hatte weder den Platz noch die Möglichkeiten,

Der Peka-Topf eignet sich auch zum sehr ansprechenden Servieren.

alle möglichen Utensilien mitzunehmen, weshalb sich der Dutch Oven zum Universalisten entwickelte. Verfügte man dann noch über einen Deckelheber und eine Kohlenschaufel oder -zange, war die Küche bereits komplett. Die richtige Bemessung der Grillbriketts gelingt mit etwas Erfahrung durch Abschätzen. Als Faustregel legt man oben auf den Deckel zwei Drittel der Briketts und unter den Boden ein Drittel. Die Menge von 21 Briketts wird demnach in 14 für oben und 7 für unten aufgeteilt. Manche Profis empfehlen, von unten ein Brikett wegzunehmen und es auf den Deckel zu legen, aber es kommt immer darauf an, ob man viel oder wenig Oberhitze braucht. Unter dem Topf sollte man die Kohlen jedenfalls sparsam bemessen, weil die Hitze nach oben steigt und das Essen bei zu großer Unterhitze leicht anbrennt. Ein Anbrennen von oben können Sie wirkungsvoll verhüten, indem Sie zwischen Topf und Deckel ein ausreichend großes Stück Aluminiumfolie einklemmen. Je nach Verlauf des Garprozesses kann man es früher oder später herausnehmen.

Wie viele Grillbriketts insgesamt zu verwenden sind, hängt von der gewünschten Temperatur, von der Witterung und natürlich von der Größe des Topfes ab. Mit der hier angegebenen Menge wird aber ein mittleres Modell schon ziemlich warm. Die Größenangaben bezeichnen übrigens den Topfdurchmesser in Zoll. Verdoppelt man diese Zahl, bekommt man einen sehr brauchbaren Richtwert für die Anzahl der zu verwendenden Briketts. Damit werden im Topfinnern etwa 175° C erreicht, im Winter oder bei Sturm natürlich weniger. Wenn sich genügend Flüssigkeit im Topf befindet und dieser etwas mehr als halbhoch gefüllt ist, wird das Essen mit dieser Menge Briketts im Verlauf der vorgesehenen Zubereitungszeit nicht anbrennen. Erhöht oder verringert man die Gesamtzahl der Briketts um zwei, ergibt dies eine Veränderung der Temperatur um etwa 15° C. Ein effektiver Windschutz kann unter bestimmten Voraussetzungen ein paar Briketts einsparen.

Wie alle Objekte aus gegossenem Eisen darf auch der Dutch Oven nicht abgeschreckt werden!

Dutch Oven	
Funktionsweise und Bedienung	Der Topf wird von unten und von oben mit Grillbriketts beheizt und gart den Inhalt gleichmäßig von allen Seiten, er ist daher universell einsetzbar zum Backen, Dünsten, Schmoren und Kochen.
Eigenschaften	Hervorragendes, sehr vielseitiges Kochsystem für viele Zwecke.
Vorteile	Durch die zusätzliche Oberhitze gart das Essen schneller und wird dabei knuspriger. Ein Dutch Oven ersetzt den ganzen Küchenherd. Die Deckel mancher Modelle haben eigene Beine und können deshalb als Pfannen verwendet werden (Camp Chef).
Nachteile	Die großen Töpfe sind gefüllt recht schwer und können beim Tragen kippen.
Einsetzbar für folgende Systeme	Kohlenbett, kleines Feuer.
⚠ Vorsichtsmaßregeln	Im Betrieb sehr heiß, darf nicht zu schnell erhitzt werden, beim Abheben des Deckels auf Aschenflug achten. Auch ein Anbrennen des Essens ist möglich.

Kochtopf

Im Vergleich zu den Verwendungsmöglichkeiten der geschlossenen dreibeinigen Töpfe ist der **Bogratsch** ein sehr eingeschränktes Kochgerät. Man kann damit nicht sehr viel mehr als Gulasch, Suppen oder Eintopf über offenem Feuer zubereiten. Natürlich gibt es noch weitere Anwendungen wie etwa Glühwein oder Gerichte, die in der Zubereitungsart den Potjiekos-Rezepten ähnlich sind: erst scharf anbraten und dann alles zusammen lange köcheln lassen. Und natürlich ist die ungarische Küche ohne dieses Gerät nicht denkbar. Das unflexible Dreibein mit eingehängtem Kessel, der über dem Feuer hängt, macht aber vergleichsweise viel Arbeit für das, was es bietet. Es kann nicht problemlos an eine andere Stelle gebracht werden und ist deshalb plötzlichen Wetterwechseln schutzlos ausgeliefert. Zum Portionieren sollte man direkt ans Feuer gehen.

Was der Bogratsch kann, kann der Grapen besser. Deshalb soll der Kauf des Gulaschkessels hier nicht unbedingt empfohlen werden. Falls man jedoch sowieso ein Dreibein anschaffen will oder bereits besitzt und dazu einen eher großen Topf sucht, kann man über diese Kombination nachdenken. Außerhalb Ungarns werden solche Töpfe wahrscheinlich vor allem aufgrund des optischen Effekts gekauft. Freunde von Kesselgulasch und allen saftigen Mischgerichten, die ein langes sanftes Kochen über dem Feuer benötigen, kommen damit auch kulinarisch durchaus auf ihre Kosten. Gerade wenn viele Gäste zu bekochen sind, kann sich auch die Größe dieser Töpfe als sinnvoll erweisen. Aber auch hier sind Grapen in jeder Hinsicht die bessere Alternative. Eine sinnvolle Verwendungsmöglichkeit ist auch das Kochen großer Mengen von Reis oder Nudeln.

Bogratsch	
Funktionsweise und Bedienung	Mit dem Ständer wird ein Topf über ein Feuer gebracht, der dann vor allem für Suppen, Gulasch und Eintöpfe verwendet werden kann.
Eigenschaften	Rustikale Kochmöglichkeit, die aber auf wenige Zubereitungsmöglichkeiten eingeschränkt ist.
Vorteile	Gute Temperaturregelung durch Höhenverstellung, ermöglicht sehr langsames Garen.
Nachteile	Kocht nur Flüssiges, sehr statischer Einsatz.
Einsetzbar für folgende Systeme	Kochfeuer, Lagerfeuer.
⚠ **Vorsichtsmaßregeln**	Nicht auf weichem Untergrund aufstellen. Gegen Umfallen sichern.

ESSENSZUBEREITUNG OHNE GEFÄSSE

Das **Braten und Garen ohne alles, am Spieß und am Strick** gilt in bestimmten Kreisen als die Königsklasse der Freiluftküche. Man wird damit ganz an die Ursprünge geführt und kann sich mit der Feuerhitze ohne Regulierungsmöglichkeit auseinandersetzen, um zu einem schmackhaften Essen zu kommen. Dafür ist es wichtig, das Feuer in einer Weise zu gestalten, die das Abschätzen seiner Eigenschaften erlaubt. Eine gute Kenntnis des verwendeten Holzes ist ebenso hilfreich wie Erfahrungen mit den verschiedenen Arten von Kochfeuern und ihrem Aufbau. Vor allem sollte man sich angewöhnen, nichts außer Holz und Kohlen zu verbrennen, sonst können sich unerwünschte Aromen ans Essen legen.

Dünne Fleischscheiben lassen sich direkt auf den glühenden Kohlen grillen. Man sollte schon vorher wissen, wie man das Fleisch dann wieder von dort entfernt, wenn man es wenden oder servieren will. Solange das Grillgut nicht anbrennt, kann es nur durch geringe Mengen Asche verschmutzt werden, was das Essen aber nicht beeinträchtigt. Dem kann man gegensteuern, indem man zuvor die lose Asche von der Glut pustet. Aufmerksam sollte man in Bezug auf glühende Kohlenstückchen sein. Auch Fisch können Sie auf diese Weise zubereiten. Die Fischhaut wird danach entfernt. Knoblauchknollen können in der Glut gegart werden, ihr breiiger Inhalt wird hinterher einfach auf eine Scheibe Brot geschmiert – mit etwas Salz eine Delikatesse.

Auch **am Strick** kann man hervorragend grillen, gerade wenn das Fleisch langsam und schonend gegart werden soll wie im Fall von Geflügel. Wenn man der Schnur eine leichte Drehung gibt, dreht sich das Fleisch eine Weile wie von selbst. Dabei sind natürlich einige Stunden Garzeit einzukalkulieren. Am Spieß kann man kleine Objekte wesentlich schneller grillen. Beliebt sind dabei vor allem Würstchen und roher Brotteig.

Oft wird der Fehler gemacht, die Garzeit durch zu große Hitze verkürzen zu wollen, etwa durch ein zu dichtes Annähern des Grillguts an die Glut oder mitten in die Flammen. Beides ist falsch und führt unweigerlich zum Verderben des Essens. Für das Grillen am Spieß wird ausschließlich die Strahlungshitze des Kohlenbetts genutzt. Man sollte das Würstchen oder anderes Grillgut nahe genug dranhalten, damit ausreichend Hitze zur Garung zur Verfügung steht, aber genügend Abstand halten, damit es nicht anbrennt. In den Flammen des Feuers brennt das Grillgut immer sofort an und wird auch mit schädlichem Ruß verschmutzt. Gleichzeitig ist es innen oft noch roh. Das Grillen am Spieß erfordert also etwas Geduld, und wenn man diese nicht aufbringt, weil einem der Spieß in der Hand zu schwer ist, dann empfiehlt es sich, eine Halterung dafür zu bauen. Ist der Spieß dort sicher eingehängt, darf man nicht vergessen, den Fortschritt des Garprozesses ab und an zu kontrollieren, denn auch in der richtigen Entfernung von der Glut kann das Essen anbrennen.

Schaschlik/Kebab

Interessante Informationen zum Grillen am Spieß erklärt Thomas Scholl, der als Mitarbeiter der deutschen Botschaften in verschiedenen Gegenden der Welt reiche Erfahrungen gesammelt hat:

»Für **Schaschlik** aus Fleischstücken in der im Kaukasus üblichen Größe (ca. 5 cm) sind etwa 50 cm lange, 1 cm breite flache Stahlspieße Standard. In der Türkei schneidet man das Fleisch meist kleiner und verwendet kürzere und schmalere Spieße. Früher verwendeten berittene Krieger bei der Rast am Lagerfeuer wohl auch ihren Kosakensäbel. Das Fleisch wird entweder dicht auf den Spieß gesteckt, damit sich die Stücke berühren, oder aber mit geringem Abstand. Letztgenannte Methode hat den Vorteil, das Fleisch überall direkt der Hitze auszusetzen, wodurch es rundum bräunt, außerdem erhitzt sich auch der dazwischen freiliegende Spieß stärker und gart das Fleisch von innen heraus. In der Türkei gibt es auch sehr viel breitere Spieße aus flachem Metall speziell für **Hackfleisch-Kebaps**. Aufgrund ihrer flachen Form können sie nur in zwei Positionen auf den Grill gelegt werden. Sinnvoller sind Eisenspieße mit dreieckigem Querschnitt, weil man sie schon in drei Positionen auflegen kann.

Unter Busch-Bedingungen kann man auch frische dünne Zweige wie Weiden- oder Haselruten verwenden, die geschält und angespitzt werden. Hier sollte man das Fleisch dicht aufstecken, damit der Bratspieß nicht ankokelt oder schlimmstenfalls mitten durchbrennt und das Essen in die Glut plumpst. Nachteilig ist die meist etwas krumme Form und ein materialbedingt stärkeres Durchhängen, weshalb das Grillgut meist nicht von allen Seiten gleichmäßig bräunt. In Fernost verwendet man auch gespaltene Spieße aus Bambus, die kerzengerade, gleichmäßig viereckig geformt und durchaus biegefest sind. Allerdings empfiehlt sich wegen der Trockenheit des Materials ausgiebiges Wässern.

Für klassisches georgisches Schaschlik nimmt man durchwachsenes Schweinefleisch oder solches mit etwas Fettrand. Es wird zur Vorbereitung zweimal über Nacht eingelegt: erst kommen die grillfertig portionierten Stücke in ein Bad aus Borjomi-Mineralwasser (es geht auch Wasser mit Soda), am nächsten Tag gießt man das Wasser ab und schichtet das abgetropfte Fleisch mit Zwiebelringen, ein paar Lorbeerblättern, Koriander- und schwarzen Pfefferkörnern sowie etwas grobem Salz in eine Schüssel und bedeckt das Ganze mit Weißwein. Durch das Marinieren wird das Fleisch zarter und es bekommt ein köstliches Aroma.«

Kochen mit Spezialgeräten

Umfassende Verwendbarkeit ist eins, die Optimierung auf einen bestimmten Zweck hin etwas anderes. Und so gibt es auch im Bereich des Draußenkochens echte Spezialisten, die an sich nur wenig können, dies aber viel besser als alle anderen. Solche Spezialgeräte wurden entwickelt für Aufgaben, die immer wieder und in jedem Kontext Bedeutung haben, zum Beispiel das Wasserkochen oder das energieeffiziente Garen auf eingeschlossener Glut. Nachfolgend werden solche Spezialkonstruktionen vorgestellt, die ohne Einschränkungen empfohlen werden können. Natürlich gibt es noch viele andere pfiffige Ideen. Ob man sie wirklich braucht, hängt von den persönlichen Vorlieben und von den Umgebungsbedingungen ab, unter denen sie eingesetzt werden sollen.

KELLY KETTLE

Im Westen Irlands wird seit mehr als 120 Jahren eine Metallflasche zum Wasserkochen hergestellt, die das Kochprinzip umkehrt und dadurch viele Vorteile eröffnet. Heute sollte man aufmerksam sein – die Edelstahlvarianten kommen auch schon aus dem Land des Lächelns, lediglich die Aluminiumprodukte werden noch auf der Grünen Insel gebördelt.

Bei dem Kelly Kettle befindet sich unterhalb des Wasserbehälters ein kleiner Kochraum, in dem Äste, Papier und ähnliche brennbare Dinge – zum Beispiel auch Esbit-Würfel – verbrannt werden können. Die aufsteigende Hitze durchläuft den Flascheninhalt jedoch im Inneren: Der Kamin erhitzt das Wasser über

eine sehr große Angriffsfläche, und die Energie aus dem Feuer wird richtig genutzt, statt außerhalb des Gefäßes in die Umgebung verloren zu gehen. Dadurch erreicht die Außenseite der Flasche auch nie eine höhere Temperatur als das Wasser. Weil das Feuer sozusagen im Herzen der Flasche brennt, ist es auch sehr gut gegen Wind und Wetter geschützt. Selbst bei strömendem Regen oder Sturm kann man mit dieser Flasche Wasser zum Kochen bringen, wenn man die expo-

Eine gute Verbindung: Kelly Kettle als Turboversion auf dem Woodgas Stove.

nierten Stellen – Brennkammeröffnung und Kaminrohr – etwas schützt. Brennstoff zum Betrieb dieses sinnreichen Geräts kann man überall finden oder leicht mitführen. Wer es im Turbo-Modus mag, kann die beiden größeren Modelle des Kelly Kettle (»Scout« und »Base Camp«) über der Brennkammer des Woodgas Stove XL betreiben oder das kleine Modell über dem Woodgas Stove LE.

Kochendes Wasser ersetzt im Grunde die halbe Küche. Man kann damit Heißgetränke und Tütensuppen aufbrühen, Fertiggerichte garen, Trockennudeln und Reis in einfache Mahlzeiten verwandeln, Babykost ansetzen und Gefäße desinfizieren. Das Abkochen ist auch eine hervorragende und schnelle Möglichkeit, Wasser aus der Natur zu entkeimen. Somit wird ein Wasserkocher immer wie

der benötigt. Natürlich kann man Wasser auch in einem Topf kochen, aber wenn man vielleicht nur zum Angeln geht und bloß ein einziges, handliches Gerät mitnehmen will, dann ist man mit diesem sicher besser bedient. Vorteile des Kelly Kettle sind die besonders hohe Ausnutzung des Brennmaterials, die völlige Unabhängigkeit von bestimmten Brennstoffen, die Resistenz gegenüber schlechtem Wetter, die Betriebssicherheit und die kurze Kochzeit. Das Gefäß ist in verschiedenen Größen erhältlich und verbindet das Wasserkochen mit erheblichem Unterhaltungswert, denn durch die Konstruktion mit einem relativ langen innenliegenden Abzug entsteht ein starker Kamineffekt, der oben an der Flasche je nach verwendetem Brennstoff ein spektakuläres Flammenspiel mit dem Appeal eines Sportauspuffs erzeugt.

Kelly Kettle	
Funktionsweise und Bedienung	Die Flasche wird mit Wasser gefüllt, dann entzündet man in ihrem Inneren ein Feuer. Durch den starken Kamineffekt und die große Angriffsfläche kocht das Wasser sehr schnell.
Eigenschaften	Praktisch, gut zu transportieren, schnell in Betrieb, völlig wind- und regenfest.
Vorteile	Gut mitzunehmen, sehr zweckmäßig, wetterunabhängig.
Nachteile	Kann nur Wasser kochen.
Einsetzbar für folgende Systeme	Alle festen Brennstoffe außer Kohle. Kann auch mit dem Spiritusbrenner betrieben werden.
⚠ Vorsichtsmaßregeln	Flasche wird im Betrieb oben sehr heiß! Auf Funkenflug achten!

COBB-GRILL

Was der Kelly Kettle für das Wasserkochen ist, das ist der Cobb-Grill für das schonende und vor allem sehr unauffällige Grillen. Auch wenn beide Systeme sehr unterschiedlich aussehen, folgen sie ähnlichen Konstruktionsprinzipien: Sie verlegen die Energiequelle ins Innere und nutzen deshalb die abgegebene Hitze möglichst wirtschaftlich. Das Ergebnis ist einerseits eine deutliche Verkürzung der Garzeit und andererseits eine erhebliche Einsparung an Brennmaterial. Außerdem kann man beide Geräte außen anfassen, obwohl es innen gerade heiß hergeht. Auch der in Südafrika erfundene Cobb-Grill wird in China hergestellt. Er ist, gerade am markanten Deckel, nicht besonders materialüppig, sondern aus eher dünnem Blech gearbeitet, was der Verwendung auf Ausflügen und Reisen sehr entgegenkommt. Man kann diesen Grill in seiner eng sitzenden Tragetasche sehr gut mitnehmen. Der Korpus ist augenscheinlich etwas fester ge-

arbeitet. Die dünnen Teile sind dennoch sehr formstabil, weil sie aus ihren Wölbungen und Rundungen eine gewisse Festigkeit beziehen.

Er besteht aus einem mehrwandigen Schalenaufbau, der außen nicht heiß wird, weil er aufgrund einer zwischenliegenden Luftschicht sehr gut isoliert ist. Daher kann man das Gerät im Betrieb anfassen und herumtragen. Innen befindet sich eine Halterung, in der entweder einige glühende Grillbriketts oder ein speziell entwickeltes Spezialbrikett des Herstellers Platz finden und dort im Verborgenen vor sich hin glühen. Die Hitze steigt auf und gart über einer Grillplatte das dort aufgelegte Fleisch, Gemüse, Kartoffeln, Würstchen, Geflügel, rohen Leberkäse oder anderes Grillgut. Darüber befindet sich ein Dom aus Metallblech, der die Hitze zusammenhält. Dieser Deckel wird im Betrieb heiß und sollte deshalb nicht ohne gute Gründe berührt werden. Ablaufendes Fett wird in einer Rinne aufgefangen.

Der Cobb-Grill.

Dieses System ist einerseits sehr wirtschaftlich, weil man nur wenig Kohle braucht, um ein Gericht für zwei Personen zügig durchzugaren: etwa sechs Grillbriketts. Andererseits ist es eine saubere Sache, die man bequem in den Urlaub mitnehmen kann und die das Grillen auch an ungewöhnlichen Orten ermöglicht, beispielsweise auf dem Hotelbalkon, am Strand, auf einer Sitzbank im Wald oder einem Autobahnrastplatz. Das durchdachte Funktionsprinzip beruht auf der guten Isolierung des Systems zusammen mit einer ausgeklügelten Luftzufuhr. Weil das Grillgut von der Energiequelle durch eine Barriere getrennt ist, kann kein Fett in die Glut tropfen, und es gibt keine starke Rauchentwicklung – wobei Freunde von Rauchchips mit diesem Gerät genauso räuchern können wie mit einem geschlossenen Grill. Der Cobb-Grill erweitert die Gelegenheiten, sein Essen zu grillen, ganz erheblich und stellt außerdem von seiner Konstruktion her die modernste und sauberste Art des Grills dar. Das praktische Gerät eignet sich wegen seines geringen Gewichts tatsächlich auch für die Rucksackwanderung. Beim Zelten, Picknick sowie auf Autoreisen und Bootsfahrten kann es ebenfalls sehr gut eingesetzt werden. Nebenbei ist der Cobb-Grill auch hervorragend zur Krisenvorsorge geeignet, weil er nahezu das Backrohr ersetzt und ohne viel Aufwand gut gegrilltes Essen liefert. Alle Teile sind spülmaschinenfest und können leicht gereinigt werden.

Cobb-Grill	
Funktionsweise und Bedienung	Der Grill wird mit glühenden Grillbriketts oder Spezialkohle in Betrieb genommen, dann kann man darin Fleisch und Gemüse grillen.
Eigenschaften	Praktischer Reisegrill, der den Brennstoff hervorragend nutzt und außen nur an der Kuppel heiß wird. Man kann ihn deshalb auch im Betriebszustand an einen anderen Platz bringen.
Vorteile	Wirtschaftlich, schnell, schonend und mit seinem geringen Gewicht auch für Wanderungen geeignet. Wind- und regensicher.
Nachteile	Relativ begrenzte Grillfläche, sehr dünnwandiges Material.
Einsetzbar für folgende Systeme	Grillbriketts, Spezialkohle.
⚠️ **Vorsichtsmaßregeln**	Nicht in geschlossenen Räumen verwenden.

BELLMANN HERDKOCHER

Das Kaffeekochen im Freien ist ein Thema für sich. Im Amerika der Siedlerzeit verwendete man dafür eine einfache Blechkanne. Heute denkt man zunächst an die einfachen Glaskannen, in denen ein Siebstempel das Kaffeepulver nach unten an den Boden drückt, oder an jene zweiteiligen Aluminiumbomben, in denen das kochende Wasser durch seinen eigenen Druck nach oben fließt und dabei zu Kaffee wird. Alle drei Verfahren funktionieren, sie liefern aber immer den gleichen, nicht unbedingt sehr milden Kaffee und erlauben kaum Variationen.

Das derzeit sicherste und vielseitigste Kleingerät zum Kaffeekochen ist der Bellman Herdkocher CX-25 P, im Grunde eine Weiterentwicklung der altbekannten Kaffeebombe und konzeptionell sehr eng an große Gastronomiemaschinen angelehnt. Das Gerät verfügt über alles, was für echten Espresso nötig ist: einen stabilen Stahltank, in dem das Wasser erhitzt und auf Druck gebracht wird, ein Überdruckventil zur Sicherheit, ein Manometer, ein Drehventil zum Ablassen des fertigen Kaffees und eine Dampfdüse zum Aufschäumen von Milch. Weil das Gerät nicht über ein Gefäß für den fertigen Kaffee verfügt, ist es relativ kompakt. Der Griff kann abgeschraubt werden, die Maschine können Sie dann gut verstauen, und sie ist natürlich auch nicht so empfindlich wie eine Glaskanne.

Eine gute Eigenschaft dieses Apparats ist die sehr genaue Dosiermöglichkeit sowohl des Kaffeepulvers als auch des Wassers. Man kann damit wahlweise drei, sechs oder neun Tassen Espresso kochen, je nach dem Mengenverhältnis von Kaffeepulver und Wasser wird er mild bis stark. Der auf diese Weise erzeugte Espresso bildet die Grundlage für die verschiedensten Spezialitäten aus Kaffee und Milch. Ganz wie in der italienischen oder österreichischen Kaffeekultur kann man sich einen starken oder leichteren Kaffee kochen, auch sind Cappuccino oder Latte macchiato möglich. Mit diesem Gerät kann man also einen sehr hochwertigen Kaffee in allen gewünschten Varianten auf den Tisch bringen. Die Dampfdrucktechnik funktioniert genauso wie in den großen Gastronomiegeräten und bringt den einzigartigen feinen Espresso-Geschmack und natürlich auch die beliebte Crèma.

Alle Kaffeerezepte auch mobil: Diese Bombe macht's möglich.

Bellmann Herdkocher

Funktionsweise und Bedienung	Der Wassertank wird mit der für die gewünschte Tassenanzahl erforderlichen Menge Wasser gefüllt und darüber der Siebträger für das Kaffeepulver eingesetzt. Mit einem Adapter kann man die richtige Menge vorwählen. Dann füllt man Kaffeepulver ein, schraubt das Gerät zu und stellt es auf den Kocher. Am Manometer kann man ablesen, wie der Druck ansteigt. Je nach Geschmack wird bei Erreichen eines bestimmten Drucks der fertige Kaffee durch ein Drehventil abgelassen. Ein im Gerät verbleibender Rest des Wassers steht dann noch als Dampf für das Aufschäumen von Milch zur Verfügung. Wird das Gerät auf dem Kocher vergessen, öffnet sich ein Sicherheitsventil, lange bevor es zu einer Explosion des Tanks kommen kann. Nach Gebrauch ist das Gerät zu reinigen und abzutrocknen. Genauere Hinweise enthält die Bedienungsanleitung, die jedem Gerät beiliegt.
Eigenschaften	Schneller, praktischer und vielseitiger Kaffeebereiter für kräftige Campingkocher oder Herdplatten.
Vorteile	Echter Espresso und Kaffeespezialitäten können auch unterwegs zubereitet werden. Leichte Reinigung, sichere Handhabung.
Nachteile	Kleine Grundfläche führt zu langer Aufheizzeit. Das heiße Gerät sollte aufmerksam bedient werden. Der Energieaufwand ist deutlich höher als bei drucklosen Systemen.
Einsetzbar für folgende Systeme	Vergaserkocher, Gaskocher, Küchenherd, Einzel-Herdplatte.
⚠ **Vorsichtsmaßregeln**	Im Betrieb darf die Deckelschraube des Geräts nicht gelöst werden, außerdem sollte sie bei Inbetriebnahme fest angezogen werden. Den Druck nicht zu hoch ansteigen lassen! Zu feines oder zu fest gestopftes Kaffeepulver kann zum Verstopfen der Leitungen führen. Regelmäßig sollte ein Reinigungsdurchlauf nur mit Wasser durchgeführt werden. Das Gerät wird heiß! Der Betrieb ohne Wasser führt zu Überhitzung und Beschädigung. Das Gerät darf nur gemäß seinem Zweck verwendet werden, die Gebrauchsanleitung ist zu beachten.

SANDWICH- UND WAFFELEISEN

Sandwich- und Waffeleisen bestehen aus recht materialüppigen Schalen und sind mit relativ langen Griffen ausgestattet – deshalb können sie über jeder Hitzequelle vom Reisekocher bis zum Lagerfeuer verwendet werden. Die Schalen, in denen das Essen gegart wird, haben unterschiedliche Formen; es gibt solche für ein oder zwei Sandwiches, mehrere Formen für australische Jaffles, eine für italienische Panini und Sonderformen für Hamburger-Frikadellen und anderes. Teilweise sind sie auch in Aluminium erhältlich, aus bereits genannten Gründen sind aber die Geräte aus Eisen vorzuziehen. Der engagierteste Hersteller solcher Pie Irons ist der kleine US-amerikanische Familienbetrieb **Rome Industries**, der die Klappeisen in Deutschland über die Firma **Eisenbams** vertreibt. Sie werden geliefert wie bei gutem gegossenem Eisen üblich: roh und hellgrau, zum Schutz vor Rost lediglich mit einer Wachsschicht überzogen. Diese wäscht man gründlich ab und brennt die gegossenen Teile sorgfältig mit Speiseöl bis zu einer schwarzbronzenen Farbe ein. Die Möglichkeit, beide Hälften voneinander zu trennen, erleichtert dies.

Sandwicheisen gibt es in verschiedenen Formen und Größen.

Die Sandwicheisen lassen sich mit den verschiedensten Zutaten füllen: z. B. Brotscheiben, zwischen die man Schinken, Käse, Gemüse, Fleisch oder Ei gelegt hat. Neben Sandwiches und Waffeln lassen sich alle Zubereitungen aus Hackfleisch in der Form braten, ebenso z. B. eine Masse aus Ei und Thunfisch. Auch gefüllter Pizzateig ist geeignet, außerdem gibt es eine Menge Rezepte für Gebäck mit süßer Füllung. Beherrscht man die Grundlagen der Handhabung, ist der Umgang mit diesen Eisen wirklich sehr einfach. Man kann auch Arme Ritter, Kaiserschmarrn oder Rührei darin zubereiten. Dünn geschnittene süße Zwiebeln mit Gewürzen und einem Schluck Bier lassen sich in den Eisen als reine Beilage zubereiten, auch alle Arten von Brotteig, variiert mit Speckwürfeln oder Oliven, führen zu guten Ergebnissen.

Vor allem für Kinder ist die Erlebnisküche mit solchen Klappeisen attraktiv, zudem bietet sie viele Möglichkeiten, gesündere, vitaminreiche Zutaten zu verarbeiten. Und die Eisenformen brennen nicht so leicht an. Obwohl man damit direkt an der Kohlenglut arbeiten kann, verschmutzt das Essen nicht. Getrennt kann man die beiden Hälften auch als kleine Pfannen benutzen. Gerade wenn man mit wenig Aufwand eine raffinierte Vorspeise oder Beilage zaubern will, können diese Eisen sehr gut eingesetzt werden. Es ist jedoch empfehlenswert, beim Garen auf die Uhr zu schauen und Erfahrungswerte zu sammeln. Die Formen bleiben nach dem Garen noch eine ganze Weile sehr heiß, deshalb sollten Kinder beim Arbeiten mit diesen Geräten immer beaufsichtigt werden.

Interessant ist auch die Verwendung der Eisen auf Kleinkochern. Die kleinen quadratischen Formen passen genau auf den Hobo-Kocher von Künzi, den man zu diesem Zweck mit Grillbriketts oder dem Trangia-Brenner beheizen kann. Sehr gut funktionieren sie auch auf Gas. Das traditionelle Waffeleisen mit kurzen Griffen kann auf einem Gaskocher betrieben werden; nach der Hälfte der Backzeit wendet man es einmal um. Es gibt auch ein Modell mit langen Griffen, das für die Arbeit am Kochfeuer besser geeignet ist. Je nach Hitze dauert die Zubereitung der Waffeln unterschiedlich lang. Bei einem langsamen Verfahren brauchen sie bis zu zehn Minuten, während sie am Kochfeuer in zwei Minuten fertig sind. Wer ein gutes Zeitgefühl hat, kann die schweren Eisen auch mitten zwischen die Kohlen geben, was jedoch mit erhöhtem Risiko des Anbrennens einhergeht. Damit die Speisen nicht in den Formen kleben bleiben, sollte das Einbrennen sehr sorgfältig erfolgen. Außerdem sind die Eisen nach Gebrauch immer gut zu reinigen und für die nächste Benutzung leicht einzuölen.

Sandwich- und Waffeleisen	
Funktionsweise und Bedienung	Die aufgeklappten Eisenhälften werden gefüllt, zugeklappt und dann von beiden Seiten je ca. 6 min erhitzt. Die eingelegten Brotscheiben lassen sich besser herausnehmen und werden überdie wenn man sie außen (!) mit Butter bestreicht. Fleisch, vor allem Hackfleisch, sollte vor dem Einfüllen durchgegart werden.
Eigenschaften	Praktische und vielseitige Backform für alle Arten von Sandwiches. Transportabel, individuell und immer mit hohem Erlebniswert. Die Formen halten den Inhalt nach der Zubereitung lange warm.
Vorteile	Jeder kann die Füllung wählen, die er möchte. Es wird nicht mehr zubereitet als gegessen. Man kann die praktischen Formen auf Vorrat füllen und unterwegs erhitzen.
Nachteile	Wenn man unaufmerksam ist, können die Brote anbrennen.
Einsetzbar für folgende Systeme	Grill, Kohlenbett, kleine Kocher, Pelletbrenner.
⚠ Vorsichtsmaßregeln	Die Eisen werden im Betrieb sehr heiß. Nicht auf Benzinkochern verwenden, da sich in der Patina Benzol anreichert.

BROTBACKFORMEN

Eine interessante Möglichkeit, Essen im Freien zuzubereiten, bieten Brotbackformen. Aus Südafrika kommen solche Formen aus gegossenem Aluminium mit einer Wandstärke von 5 mm. Das Material leitet die Wärme sehr gut und gibt sie schnell und gleichmäßig nach innen ab. Damit lassen sich ganz unkompliziert einfache Kastenbrote auf der offenen Feuerstelle backen. Das funktioniert zwar prinzipiell auch mit dem Dutch Oven, aber so eine Kastenform mit nur 2 kg Gewicht kann man auch mal auf die Rucksackreise mitnehmen.

Die Anwendung ist einfach: Die Form wird mit der richtigen Menge Teig gefüllt, dann mit dem genau passenden Deckel verschlossen und der milden Hitze eines Kohlenbetts ausgesetzt. Dabei ist es vorteilhaft, wenn auch nicht unbedingt nötig, die Form gleichmäßig mit der Glut zu umhüllen. Nach der vorgeschriebenen Backzeit nimmt man die Form aus der Glut und holt das Brot heraus.

Die handliche Brotbackform kann im Rucksack als stabile Aufbewahrungsmöglichkeit für empfindliche Lebensmittel wie Fleisch, Eier oder Gebäck verwendet werden. Man kann in ihr nicht nur Brot oder Kuchen backen, sondern sie auch als Dutch Oven im Wanderformat verwenden. Maiskolben, Ofenkartoffeln, Fisch, Geflügel, aber auch Suppen, Gulasch, Eintopf, Würstchen, Bohnen mit Speck und vieles mehr kann man darin unterwegs auf einer beliebigen Hitzequelle zubereiten. Damit ersetzt die Brotbackform den zuweilen zu schweren großen Topf und dient auch auf dem Campingkocher als Universaltopf mit speziellen Vorzügen. Während nämlich ein normaler Camping-Kochtopf sehr dünnwandig ist, gart diese dicke Form das Essen gleichmäßig von allen Seiten. Aufgrund der länglichen Form ist es dabei zweckmäßig, darunter mehrere Hitzequellen zu betreiben, zum Beispiel zwei oder drei Trangia-Brenner. Auch der Betrieb mit Teelichtern ist problemlos möglich. Wegen des gleichmäßig heißen Innenklimas in der Brotbackform und der Möglichkeit der Oberhitze kann man darin auch Desserts wie etwa Soufflés sowie viele überbackene Gerichte zubereiten. Ebenfalls möglich ist Käsefondue: Der Käse wird langsam und gleichmäßig erhitzt, danach kann man mit der Gabel passende Weißbrotstücke in die Masse tauchen. Die Brotbackform ist nahezu für jeden Zweck geeignet, offen kann sie auch zum Anbraten oder Rösten (von Fleisch, Rührei, Zwiebelringen, Würstchen und anderen Dingen) verwendet werden.

Wenn man eine ausreichende Menge gekochter Nudeln einfüllt und zwei oder drei Eier mit Pfeffer und Salz verquirlt und darübergießt, kann man einen schmackhaften Nudelauflauf zubereiten. Zuoberst kommen Speckwürfel und Käse. Bei dieser Zubereitung ist es besser, wenn die Hitze auch von oben kommt.

Brotbackform	
Funktionsweise und Bedienung	Die Brotbackform wird mit Teig oder geeigneten anderen Lebensmitteln gefüllt und in einem Kohlenbett oder auf einer anderen geeigneten Wärmequelle erhitzt.
Eigenschaften	Praktische und vielseitige Backform für Brot, Auflauf und Kleingerichte. Sinnvoller und handlicher Ersatz für einen herkömmlichen Campingkochtopf. Die Form hält den Inhalt nach der Zubereitung lange warm.
Vorteile	Ein Weg zum frischen Brot. Handliches, leichtes Vielzweckgefäß, das auch gut zum Transportieren empfindlicher Lebensmittel verwendet werden kann. Man kann die Form schon zuhause mit Teig füllen und unterwegs erhitzen.
Nachteile	Der Inhalt kann anbrennen. Aluminium ist für die Zubereitung saurer Lebensmittel ungeeignet.
Einsetzbar für folgende Systeme	Grill, Kohlenbett, kleine Kocher, Pelletbrenner.
⚠ Vorsichtsmaßregeln	Die Form wird im Betrieb sehr heiß und kann bei Überhitzung beschädigt werden.

Der Tatarenhut, in diesem Fall mit Rechaud-Untergestell.

TATARENHUT

Eine besonders rustikale und gesellige Art des Bratens ermöglicht der Tatarenhut. Er geht auf die mobile Kochkunst zentralasiatischer Reitervölker zurück. Wenn man ihn im Gepäck unterbringen kann, ersetzt er einem unterwegs die halbe Küche. In der ursprünglichen Form bestand dieses Bratgerät aus einem mit spitzen Stahlzungen besetzten Blechkegel, den man beim Rasten auf die Feuerglut setzte. Dadurch wurde er heiß und garte die an ihm befestigten Fleischstücke gleichmäßig durch. Unten war der Blechkegel zu einer Rinne nach außen gestülpt. Dort sammelte sich der

Tatarenhut

Fleischsaft und dort garte man Beilagen. Bei den heutigen Modellen befindet sich darunter ein Korb für Kohlen oder ein Spiritusbrenner. In diesem Fall eignet sich der Tatarenhut nun auch für den Inneneinsatz. Ohne das Tischgestell kann man den Hut sehr gut auf Reisen mitnehmen und dann ganz so wie die Krieger Dschingis Khans in die Feuerglut stellen. Erhältlich ist der Tatarenhut in verschiedenen Varianten bei der Firma **Barbecue Point**.

In erster Linie eignet sich der Tatarenhut für das Braten von Fleisch. Das gelingt aus mehreren Gründen besonders gut: Erstens läuft der Saft ab, aber nicht auf die Glut. Zweitens ist die Hitze vergleichsweise mild, weshalb das Fleisch schonend gegart wird. Auch dünne Filetscheiben können auf diese Weise gut zubereitet werden. Drittens ist das Grillgut von Asche und Kohle getrennt. Weil man den Tatarenhut laufend nachbestücken kann, liefert er fortwährend Nachschub. Dabei wird das Kochgerät zum Zentrum des Geschehens, an dem jeder ab und zu etwas zu tun hat, ähnlich wie beim Fondue. So rückt das gemeinsame Braten in den Mittelpunkt. Wer experimentieren möchte, kann sich neben Fleisch auch Fisch, Teigfladen (ähnlich Stockbrot), Zucchinischeiben und andere Arten von Gemüse »an den Hut stecken«. Wenn das Essen vorbei ist, stellt man den Hut an einen Platz, wo er abkühlen kann. Die Reinigung geht am einfachsten, solange er noch warm ist.

Tatarenhut	
Funktionsweise und Bedienung	Der Metallkegel wird über eine geeignete Hitzequelle gestellt, dann kann man an seiner Außenwand Fleisch, Teig und Gemüse garen.
Eigenschaften	Praktisch, rustikal und gesellig. Das Gerät kann gut mitgenommen werden und leistet überall gute Dienste.
Vorteile	Handlicher Reisegrill, integrativ, mit Erlebniswert und Geschichte. Jeder gart die Stücke, die er essen möchte. In der Saftrinne kann man Beilagen garen.
Nachteile	Die Funktionsweise schränkt den Tatarenhut aufs Grillen ein, daher nicht universell.
Einsetzbar für folgende Systeme	Grill, Kohlenbett, kleine Kocher, Spiritusbrenner, Pelletbrenner.
⚠️ **Vorsichtsmaßregeln**	Der Kegel wird im Betrieb heiß.

REFLEKTOROFEN

Für viele Zwecke verwendbar ist der Reflektorofen, mit dem man die Strahlungshitze eines Lagerfeuers einfangen kann. Die zusammenlegbaren Kästen werden aus Aluminiumblechen gefertigt. Der Reflektorofen wird neben dem Feuer aufgestellt und fängt die Wärmestrahlung ein. Die Aluminiumbleche reflektieren diese Hitze und leiten sie so zum Backgut, das in der Mitte des Ofens aufgestellt wurde. Das Praktische daran ist die Nutzung eines großen Feuers für dosiertes Garen, Überbacken oder Kochen, ohne auf das Herunterbrennen zur Glut warten zu müssen. So kann man schnell und einfach Pizza, Brot, Überbackenes, Suppe, Eintopf und Eiergerichte zubereiten. Das direkte Feuer ist dafür zu heiß, das Essen könnte verbrennen. Weil die Aluminiumbleche danach schnell abkühlen, kann man den Reflektorofen auch bald wieder zusammenlegen und verstauen. Mit knapp über 800 g Gewicht ist der Reflektor nicht besonders schwer, zusammengelegt hat er eine Größe von 33 x 25 cm.

Auch dieses Gerät ist sehr einfach im Gebrauch. Man zieht es am Handgriff nach oben. Die Seitenwände klappen auf, und man kann die Rückwand von innen gegen die Seitenwände drücken. Dann steht die Wand etwas nach hinten heraus und man kann den Aufbau mit einem

Reflektorofen	
Funktionsweise und Bedienung	Der Reflektorofen wird neben ein Feuer gestellt und fängt dessen Hitze in abgemildeter, gleichmäßiger Form ein. Sehr guter »Klappofen« für Gerichte, die mild gegart werden sollen, sowie zum Überbacken.
Eigenschaften	Der Reflektor bringt indirekte, ausgeglichene Hitze an das Essen heran, und zwar sofort, wenn das Feuer brennt, und nicht erst, wenn es heruntergebrannt ist. Dadurch Zeitersparnis.
Vorteile	Sehr einfache Möglichkeit, unterwegs eine Art Backofen benutzen zu können. Der Hitze wird ihre Schärfe genommen. Trotzdem leistungsfähig.
Nachteile	Bei zu starker Hitze ungleichmäßig schnelles Garen (Anbrennen).
Einsetzbar für folgende Systeme	Lagerfeuer, Kochfeuer. Geeignet für alle nicht zu dickwandigen Töpfe sowie für Pfannen.
⚠ Vorsichtsmaßregeln	Metallplatten werden im Betrieb sehr heiß.

Reflektorofen

Ein Reflektorofen im Einsatz.

kleinen Riegel sichern. Anschließend wird eine Drahtklammer durch Löcher in den Seitenwänden gesteckt. Auf diese Stäbe setzt man dann die Pfanne. Zum Backen mit dem Reflektorofen benötigt man ein starkes Lagerfeuer. Der Abstand zwischen Feuer und Reflektorofen sollte etwa 10 cm betragen. Die dem Feuer zugewandte Seite der Pfanne bekommt natürlich die meiste Hitze ab, daher ist sie ab und zu etwas zu drehen.

KNOBLAUCHRÖSTER FÜR FEUER UND GRILL

Knoblauch kann man direkt im Feuer oder auf dem Grill zu einer weichen, sehr aromatischen Delikatesse machen. Obwohl das auch mit Aluminiumfolie funktioniert, ist diese Form aus massivem Eisen besonders empfehlenswert, weil das Material für eine gleichmäßige Garung von allen Seiten sorgt und das

Anbrennen weitgehend verhindert. Die Form wird zusammen mit einer Silikonschale geliefert, in der man den gegarten Knoblauch von seiner Schale befreien kann, ohne sich daran die Finger zu verbrennen. Die heiße Knoblauchmasse kann auch auf eine Scheibe Brot gestrichen und mit etwas Salz gegessen werden.

In die eiserne Form kann man entweder eine große oder zwei kleine Knoblauchknollen legen. Auch andere Beilagen lassen sich darin zubereiten, beispielsweise grob geschnittene Zwiebeln. Erfindungen wie diese machen die Zubereitung sehr schmackhafter Beilagen zum Kinderspiel und eröffnen der Küche unter freiem Himmel den einen oder anderen neuen Akzent. Die Röstform stammt aus den USA und ist nicht überall zu bekommen, in Deutschland beispielsweise bei Grillstar und in der Schweiz beim Grill-Shop Scheidegger.

Der Knoblauchröster sorgt überall für eine herzhafte Beilage.

RACLETTE UND KÄSE-FONDUE FÜR UNTERWEGS

Eine der Zubereitungsarten mit hohem Erlebniswert ist das Schmelzen von Käse, das mit vielen anderen Kochmethoden kombiniert werden kann. Weißbrot, Kartoffeln, Pilze, Tomaten oder auch Fleisch können damit zu einem besonderen Gericht werden. Unterwegs stellt sich die Frage, wie man das Schmelzen des Käses bewerkstelligt, damit die Sache appetitlich aussieht, gut schmeckt und auch schnell wieder zusammengeräumt werden kann. Und natürlich ist es auch wichtig, die dafür notwendigen Gerätschaften überhaupt mitnehmen zu können.

Die niederländische Firma **Boska** hat Geräte für solche Zwecke entwickelt. Ein einfaches, aber zweckmäßig gestaltetes Raclette-Gerät für unterwegs trägt den Namen **Taste Tapas**. Es kann in einer kleinen Holzkiste verstaut werden, die auch als Unterlage dienen kann. Die nicht allzu große, antihaftbeschichtete Pfanne wird mit drei Teelichtern beheizt. Dadurch eröffnen sich auch Anwendungsmöglichkeiten im Hotelzimmer, im Zelt oder in der Wohnung. Will man unterwegs nicht die kantige Holzkiste mitnehmen, kann man das Gerät in ein Handtuch einwickeln. Wollen mehrere Personen etwas davon haben, sollte man entsprechend mehr Geräte mitnehmen. Dieses Gerät gibt es außerdem in einer etwas reduzierten Version für unterwegs und als kleine Pfanne, die man auf einem Grill benutzen kann. Der Betrieb auf Teelichtern ist allerdings am zweckmäßigsten, weil die Hitze milder und der Betrieb unabhängig vom Grill ist. Außerdem wird dann nicht der Platz auf dem Grillrost belegt.

Raclette	
Funktionsweise und Bedienung	Das kleine Gerät wird aufgestellt, mit drei Teelichtern in Betrieb genommen und dann zum Schmelzen von Raclettekäse benutzt.
Eigenschaften	Sehr handliche Möglichkeit, sein Essen mit geschmolzenem Käse zu verfeinern. Verschiedene Sorten eröffnen dabei geschmackliche Variationen.
Vorteile	Kompakt, einfache und auch in Innenräumen nutzbare Hitzequelle, alles wird in einer Holzkiste verstaut.
Nachteile	Fast nur für seinen Bestimmungszweck geeignet.
Einsetzbar für folgende Sorten	Raclette-Käse sowie Mozzarella, Gorgonzola, Cheddar, Bergkäse, Butterkäse, Gouda, Pacorino, Camembert und andere Weichkäse.
⚠ **Vorsichtsmaßregeln**	Auf offenes Feuer sollte geachtet werden.

Raclette und Käsefondue für unterwegs

Will man mit nur einem Gerät auch als Gruppe Käse schmelzen, kann man das **Life Outdoor Fondue** desselben Anbieters verwenden. Dabei handelt es sich um einen Keramikschale für 1,8 l Inhalt, die in einem Blechstand mit Spiritusbrenner steht. In der Schale wird Fonduekäse geschmolzen, danach kann man mit den vier beiliegenden Gabeln kleine Brotstücke, Champignonköpfe oder Gemüseteile in den heißen Käse tauchen. Das Gerät ist ebensogut für Schokoladenfondue zu gebrauchen und stellt eine interessante Erweiterungsmöglichkeit für schon vorhandene Kochgeräte dar. Schon ein Picknick kann man mit dem Fondue oder den kleinen Raclettes entscheidend aufwerten, ohne einen Grill herumzutragen.

Ein Raclette-Gerät, das man auch auf Wanderungen mitnehmen kann.

Fondue	
Funktionsweise und Bedienung	Das Fonduegefäß wird mit Käse und weiteren Zutaten (Milch, Wein nach Rezept) gefüllt und erhitzt. Es werden dann Brot- oder Gemüsestückchen in den heißen Käse getaucht.
Eigenschaften	Erlebnisreiches Essen, bei dem man viel miteinander spricht. Das Fondue steht im Mittelpunkt, es können zusätzlich Beilagen angeboten werden.
Vorteile	Käsefondue ist normalerweise mit Aufwand verbunden, hiermit kann man es unterwegs machen. Das Gerät eignet sich auch für den Betrieb in Innenräumen.
Nachteile	Nicht sehr vielseitig, das Gerät ersetzt keine reguläre Kochmöglichkeit.
Einsetzbar für folgende Systeme	Spiritusbrenner, Brennpaste.
⚠ **Vorsichtsmaßregeln**	Das Gefäß wird heiß.

Sinnvolles Zubehör

TOPFSTAND

Aus einem billigen Reduzierblech für Gaskochfelder, ein paar Schrauben und Muttern entsteht in weniger als fünf Minuten ein wirklich hilfreiches Gerät, das sowohl zusammen mit anderen Dingen als auch für sich allein zu unzähligen Zwecken verwendet werden kann. Mir ist dieser einfache Topfstand zunächst nur deshalb eingefallen, weil ich die Abwärme nutzen wollte, die von den Kohlen auf dem Deckel eines Dutch Oven kommt. Mit dem Topfstand auf dem Dutch Oven kann man, während unten das Essen kocht, oben drauf noch eine Suppe oder eine Kanne Kaffee kochen. Damit der Topfstand für verschiedene Deckelarten verwendbar ist, kann man die Beine mit langen Muttern versehen, was eine genaue Höhenregulierung erlaubt.

Bauanleitung: Durch vier äußere Löcher der Blechplatte steckt man vier Schrauben M6 x 30, zieht sie von der anderen Seite mit vier passenden Muttern (ohne Plastikeinsätze!) fest und schraubt unten an die Füße je eine lange Mutter als Höhenverstellung. Fertig.

Der Topfstand kann nun auf dem Dutch Oven als zusätzliche Wärmefläche verwendet werden, weil er die sonst nutzlose Abwärme für einen zusätzlichen Topf oder eine Pfanne erschließt. Er kann aber auch direkt in ein Glutbett, über einen kleinen Spiritusbrenner oder direkt über zwei Esbit-Würfel gestellt werden. Man kann den Topfstand auch für eine große Bratpfanne verwenden, unter die man einige Spiritusbrenner stellt. Und er ist auch dafür zu benutzen, die Flamme von ein bis drei Spiritusbrennern direkt an die Unterseite einer Muurikka heranzuführen. In diesem Fall werden die Brenner nicht unter den Topfstand gestellt, sondern obendrauf. Wenn man sanftere Hitze benötigt, kann man stattdessen auch Kohlebriketts auf

den Topfstand legen, beispielsweise unter einem Potjie, in dem etwas langsam garen soll. Aufgrund der langen Beine dieser Töpfe wäre Kohle, die auf dem Boden liegt, dafür zu weit weg.

Wenn die jeweilige Kochsituation dies erfordert, kann der Topfstand auch mit den Füßen nach oben aufgestellt werden, beispielsweise bei weichem Untergrund oder bei Benutzung eines Woks. Er macht aus dem Pellet-Brennkorb eine windgeschützte Kochstelle, in der man, beispielsweise auf einem Spiritusbrenner, vom Tee bis zum Nudeltopf alles schnell zubereiten kann. Außerdem kann man mit dem Topfstand einen herkömmlichen Kochtopf oder Bräter direkt auf ein Kohlenbett stellen. Überall da, wo ein kleines Kochgefäß auf eine größere Kochstelle gesetzt werden soll (z. B. eine Espressokanne auf einen Rocket Stove),

leistet der Topfstand ebenfalls beste Dienste. Und noch eins: Man kann den Topfstand mit eingeschraubten Füßen dafür verwenden, einen Kelly Kettle mit etwas Sicherheitsabstand zu betreiben, etwa auf dem Gartentisch.

Wenn Sie auf dem Topfstand nicht kochen, können Sie ihn auch als Abstellfläche für Topfdeckel, Teller und anderes verwenden, und das nicht nur wegen der Resthitze des Geschirrs, sondern auch, weil verrußte Böden von Pfannen oder Töpfen leicht den Zeltboden verschmutzen können. Unterwegs kann er platzsparend verstaut werden, weil man ihn jederzeit wieder auseinandernehmen kann. Es ist empfehlenswert, sich ein paar Modelle in verschiedenen Größen herzustellen, denn man kann sie wirklich immer wieder mit großem Nutzen gebrauchen, und sie halten ewig.

Topfstand	
Funktionsweise und Bedienung	Der Topfstand dient als kleine Ablagefläche, auf der Kochgefäße über Hitzequellen gestellt werden können.
Eigenschaften	Klein, billig und immer wieder nützlich.
Vorteile	Höhenverstellbar, schafft dadurch den richtigen Abstand zwischen Hitzequelle und Kochgefäß.
Nachteile	Arbeitsaufwand beim Selbstbau.
Einsetzbar für folgende Systeme	Anzündkamin, Pelletbrenner, Bellman Kaffeebereiter, evtl. Kelly Kettle, alle kleinen Kochgefäße, Spiritusbrenner, Esbit, Hobo-Kocher, Rocket Stove.
⚠ **Vorsichtsmaßregeln**	Wird im Betrieb sehr heiß.

Ein Windschutz spart sehr viel Energie ein und verkürzt die Garzeit.

WEITERES ZUBEHÖR

Ein **Windschutz** ist sicher die einfachste, billigste und effizienteste Möglichkeit, den Brennstoffverbrauch zu verringern, die Garzeit zu verkürzen und bei Holz- oder Kohlenfeuern den Ascheflug zu vermeiden. Sehr gut haben sich klappbare Metallbleche bewährt, die ringförmig um den Kochaufbau gestellt werden und sich zuweilen mit Spießen im Untergrund befestigen lassen. Sie lassen sich auf den richtigen Umfang erweitern und ringförmig zusammenfügen. Gerade bei starkem Wind und schwachen Kochern (Spiritus, Esbit) bewirkt der Windschutz eine erhebliche Verbesserung der Leistung. Da man ihn klein zusammenlegen kann und er kein großes Gewicht hat, ist er sehr gut für die Mitnahme auf Wanderungen geeignet. Da dann entsprechend weniger Brennstoff erforderlich ist, spart man mit dem Windschutz am Gesamtgewicht des Gepäcks. Bestimmte Kochersysteme haben bereits ihren eigenen Windschutz.

Ebenfalls sinnvoll ist die Verwendung eines **Schüreisens**, das zugleich zum Anblasen des Feuers dient. Aus diesem Grund ist der Eisenstab innen hohl. Auf der einen Seite bläst man mit mäßiger Kraft hinein, an der Spitze tritt dann Luft aus und facht das Feuer wirkungsvoll an. Weil dies sehr gezielt erfolgt, ist es auch höchst effektiv. Die bereits vorhandene Glut kann damit punktgenau zum Entflammen gebracht werden. Natürlich eignet sich dieses Gerät aber auch wie jedes herkömmliche Schüreisen zum Stochern, Richten und Verändern des Brennmaterials oder zum Zusammenziehen des Glutbetts. Aufgrund der Doppelfunktion als Schüreisen und Anblasrohr eignet sich dieses Gerät für alle Feuerstellen, die mit Holz oder Kohle brennen, also den Grill, das Glutbett, das Kochfeuer, den Brennkorb, Hobo-Kocher und Rocket Stove. Es wird ausdrücklich davor gewarnt, durch das Rohr die Luft anzusaugen, wenn die Spitze des Eisenstabs ans Feuer oder in die Glut gehalten wird. Ein sehr stabil verarbeitetes Flammenbläser-Schüreisen wird von der Firma **Manufactum** angeboten.

Schüreisen von Manufactum (www.manufactum.de).

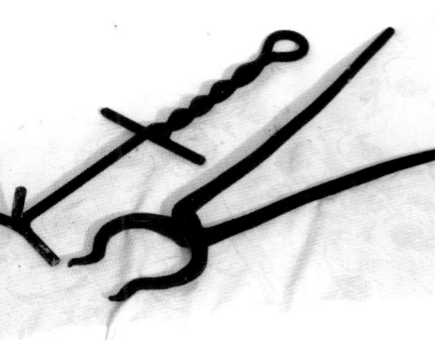

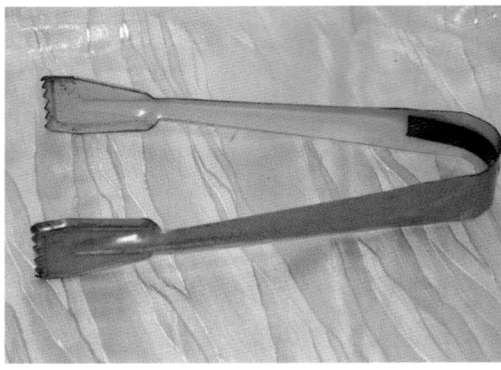

Deckelheber und 200 Jahre alte Schmiede-
zange als Greifer.

Einfache und zweckmäßige Kohlenzange.

Ein **Deckelheber** ist dann sinnvoll, wenn man mit Deckeltöpfen aus Eisen arbeitet. Vor allem beim Dutch Oven kommt es darauf an, den mit Asche und Grillbriketts beladenen Deckel sicher und präzise handhaben zu können. Mit einem Topflappen oder einem Stück Holz geht es behelfsmäßig, aber die Sache kann kippen. Dadurch kann nicht nur das Essen verschmutzt werden, sondern auch der Deckel zu Bruch gehen. Im Zusammenhang mit dem Dutch Oven und dem Grapen ist ein vernünftiger Deckelheber sicher das nächstliegende Zubehör. Sinnvoll gestaltete Exemplare werden in den Deckelgriff eingehakt und verkantet. Das hält den Deckel sehr gut in seiner Position. Man sollte dabei allerdings die nicht gerade überragende Zugfestigkeit von gegossenem Eisen beachten. Wenn man diese Zugbelastung übertreibt, indem man den Deckelheber ruckartig bewegt, kann der Deckelgriff abreißen. Hier ist also eine sorgfältige Handhabung sehr wichtig.

Zu den Dingen, deren Anwesenheit das Kochen im Freien spürbar erleichtert, gehört eine **Kohlenzange**. Empfehlenswert ist ein einfaches Modell ohne besondere Mechanik und mit nicht zu großer Öffnungsweite. Damit kann man die Brikettstücke schnell und einfach bewegen. Besonders vorteilhaft ist es, sie damit auch hochheben zu können, wenn man ihre Menge verringern oder welche von oben nach unten legen will. Das funktioniert zwar auch mit Schaufeln oder Löffeln, aber mit der Kohlenzange braucht man nur eine Hand und ist schneller. Sie eignet sich auch sehr gut, um den heißen Topfstand hochzunehmen. Entscheidungskriterien bei der Wahl einer guten Kohlenzange sind die Griffigkeit der Öffnung, die dauerhafte Zuverlässigkeit der Federung und die Einfachheit der Konstruktion. Die großen Brikettzangen mit scherenartiger Übertragung sind für die langen Ofenbriketts gedacht. Für unsere Zwecke sind die kleinen Zangen geeigneter.

Diese Halterung für Grillgut kommt ebenfalls von Swiss Advance.

Wer Essen zubereitet, braucht auch **Geschirr und Besteck**. Es ist müßig, aus der Vielzahl der erhältlichen Produkte dies oder jenes zu empfehlen, aber ein paar Überlegungen sind sicher angebracht. Manches Campingbesteck erlaubt es, wahlweise Messer oder Gabel aus demselben Griffstück auszuklappen. Das ist nicht sehr zweckmäßig, wenn man mit Messer und Gabel gleichzeitig essen möchte. Ein Fahrten- oder Taschenmesser hat man auf einem Ausflug in die Natur hoffentlich immer dabei. Das Besteck braucht dann nur noch aus Gabel und Löffel zu bestehen. Es gibt einige sehr schlau gemachte Kombinationen aus diesen beiden Werkzeugen. Die zusammensteckbaren Bestecksets aus dem militärischen Bereich sind vielfach erprobt und erfüllen ihren Zweck, aber es steht jedem frei, ein paar alte Besteckteile aus der eigenen Küche auszusortieren und fortan draußen zu verwenden. Dadurch führt man diese Dinge einer sinnvollen Verwendungsmöglichkeit zu

und spart dabei noch Geld. Plastikbesteck verursacht Müll und ist zum Essen nicht einmal gut geeignet. Einwegbesteck aus Holz kann durchaus mehrfach benutzt werden. Man kann es nach Gebrauch entweder wegwerfen oder in einem der vorgestellten Holzkocher verbrennen.

Die Wahl des Geschirrs sollte sich an den individuellen Wünschen in Bezug auf Gewicht und Haltbarkeit orientieren. Metallgeschirr kann gefüllt ziemlich heiß werden. Holz ist in dieser Hinsicht angenehmer und relativ leicht. Melamin und andere Kunststoffe sind weitgehend bruchfest und leicht, sie werden nicht allzu heiß, können einfach abgewaschen werden und sind in der Anschaffung billig, was den ungeplanten Verlust von Geschirrteilen leichter verschmerzbar macht. Komplette Geschirrsets für Wanderer haben in der Regel den Nachteil, den Benutzer auf Blechnapfformate festzulegen. Für Extremtouren eignen sie sich bestimmt gut, aber schon beim Picknick zerstören sie jedes Ambiente. Wenn es möglich ist, sollte man robustes Melamingeschirr verwenden.

Wichtiges, aber meistens vernachlässigtes Zubehör sind **Schneid- und Servierbretter**. Auf Wanderungen wird man höchstens ein kleines Vesperbrett herumtragen wollen. Aber bei einer Zeltreise mit dem Auto darf es ruhig deutlich mehr sein. Jahrhundertelang war Holz dafür die erste Wahl, erst im Zuge der Technisierung haben sich auch Schneidflächen aus Kunststoff etabliert. Von diesen ist aus hygienischen Gründen abzuraten. In den Schnittvertiefungen

Ecoboards sind von sich aus stark antibakteriell.

Kampherlorbeer ist ein vergleichsweise hartes, dramatisch gemasertes Holz, das einen frischen Kampherduft ausströmt. Der hohe Gehalt des Holzes an dem ätherischen Öl bewirkt im Oberflächenbereich über viele Jahre eine auch in Laboruntersuchungen bewiesene Hemmung des Wachstums von Mikroorganismen – selbst dann noch, wenn sich der intensive Duft durch den ständigen Gebrauch allmählich abgeschwächt hat. Ein vertretbarer Nachteil der Kamphernote ist es, zarte Lebensmittel gelinde zu aromatisieren. Im Falle von rustikalen Steaks, Kasseler Rollbraten und Krustenbraten spielt das allerdings keine Rolle. Die Gewinnung von Kampherlorbeerholz ist gleichzeitig ökologisch sinnvoll, denn der vor etwa hundert Jahren nach Australien eingeführte Baum wächst sehr schnell und verändert dort die Flora in unerwünschter Weise. Durch die Nutzung des Holzes kann das Landschaftsbild Australiens harmonisiert werden, gleichzeitig kann dem Raubbau an schützenswertem Tropenholz gegengesteuert werden. Erhältlich sind die schönen und lange haltbaren Bretter in üppiger Materialstärke und verschiedenen Größen bei der Firma Ecoboards.

siedeln sich nämlich Keime an, die zwar von der Spülmaschine bei genügend hoher Arbeitstemperatur abgetötet werden können, unter den improvisierten Bedingungen der Freiluftküche aber schnell zu einem ernsthaften Gesundheitsproblem führen können. Holz ist im Vorteil, weil es ätherische Öle und Harze enthält, die auf natürliche Weise keimtötend wirken und die Oberfläche auf diese Weise dauerhaft hygienisch erhalten. In extremer Weise ist dieser Effekt bei Brettern aus dem Holz des Kampherlorbeers gegeben.

Schneidbretter sollten aus möglichst hartem Holz sein, damit man auf ihnen ordentlich arbeiten kann und dabei nur das Schnittgut, nicht aber das Brett schneidet. Zuweilen findet man Bretter aus Bambus-Stirnholz, die unter hohem Druck aus vielen kleinen Quadern verleimt wurden. Solche Bretter sind ungemein schnittfest, dürfen aber nicht längere Zeit der Nässe ausgesetzt werden, da sie sonst Fugen bekommen. Schneidbretter aus heimischem Buchenholz sind hervorragende und über jeden Zweifel erhabene Unterlagen zum guten und sauberen Zerteilen der Lebensmittel.

Kampherlorbeerbaum.

Der »Classic Shaker« aus der Schweiz ist völlig wasserdicht.

Salz- und Pfefferstreuer sind gerade dann nicht zur Hand, wenn man sie braucht. Beim Wandern und dem Picknickausflug fehlen die wichtigen Gewürze oft, weil man sie zuhause vergessen hat. Während man auf fast alle Gewürze notfalls auch verzichten kann, haben Salz und Pfeffer für das Essen die größte Bedeutung. Pfeffer, weil er jedem Gericht eine gut regelbare geschmackliche Hitze gibt. Salz, weil es dem Geschmackserleben beim Essen Plastizität und Tiefe verleiht, ohne die es einfach fad schmeckt. Wenn auch kein einziges Gewürz zu haben ist, macht allein die Zugabe von Salz aus einer wesenlosen Nahrungsmasse ein recht schmackhaftes Gericht.

Salz und Pfeffer sollte man deshalb immer dabeihaben. Nur lassen sich die gewohnten Streuer nicht so einfach in der Tasche herumtragen, denn sie geben bei ungünstiger Transportlage ihren Inhalt frei. Sehr praktisch sind die kleinen Streukappen aus Kunststoff, die man einfach auf leere Filmdöschen drückt und aus ihnen so ein wasserdichtes Salz- oder Pfefferdöschen macht. Praktischer, in der Anwendung zweckmäßiger und noch

dazu flach ist der durchdachte Doppelstreuer Classic Shaker der Schweizer Firma **Swiss Advance**. Er ist sehr hochwertig aus lebensmittelechtem Kunststoff hergestellt, man kann ihn wasserdicht verschließen und er zeigt aufgrund seiner Durchsichtigkeit auch gleich den Inhalt und die noch verfügbare Menge an.

Wer es möglichst aromatisch mag, wird um eine Gewürzmühle nicht herumkommen. Die verschiedenen Modelle von **Procute** arbeiten mit einem neuartigen Mahlwerk aus Titan, in dem das Mahlgut nicht gequetscht, sondern geschnitten wird. Dadurch eröffnen sich bei noblen Pfeffersorten und exotischen Gewürzen deutlich mehr Geschmacksnuancen als bei herkömmlichen Mühlen. Alle Mühlen dieser Serie erlauben eine gefühlvolle, stufenlose Einstellung des Mahlgrads von grob bis sehr fein. Das XL-Modell kann sogar Kaffeebohnen verarbeiten, was sich gerade unterwegs als sinnvoll erweisen kann. Interessant ist ferner das handliche Traveller-Modell für »immer dabei«. Mit lediglich 15 cm Höhe kann man die schlanke Röhre auch noch in der Anoraktasche verstauen. Universell für daheim und unterwegs eignet sich das Modell A1 mit großem, gut greifbarem Knauf. Vorteilhaft ist hier das Fehlen abstehender und scharfkantiger Teile. Es kann problemlos auch auf die Festtagstafel gestellt werden. Ich selbst nehme solche Geräte übrigens auch ins Restaurant mit, seit ich einmal einen Bericht über Keimproben bei den dort vorhandenen Gewürzstreuern gesehen habe. Gerade der schon erwähnte Doppelstreuer von Swiss Advance ist dafür bestens geeignet.

Wasserversorgung

unterwegs

Chemische Aufbereitung

Die Frage nach der Versorgung mit Trinkwasser kann sich unterwegs dramatischer stellen als zuhause oder in vertrauter Umgebung. Was sonst selbstverständlich ist, wird nun zum kostbaren Gut, und gelegentlich ergibt sich ein echtes Beschaffungsproblem. Der erwachsene Mensch soll täglich etwa drei Liter Wasser trinken. Wenn er sich körperlich betätigt oder wenn es sehr heiß ist, benötigt er noch mehr Flüssigkeit. Im Zusammenhang mit getrockneten Lebensmitteln wurde bereits auf die Notwendigkeit hingewiesen, die zur Zubereitung benötigte Wassermenge zusätzlich mitzunehmen. Wenn man unterwegs sein Gepäck selbst trägt, fallen solche Wassermengen spürbar ins Gewicht. Aus diesem Grund ist es wichtig, sich einen professionellen und sparsamen Umgang mit Wasser anzueignen und auch unterwegs Wasser erschließen und aufbereiten zu können.

Dafür bieten viele Ausstatterfirmen chemische Substanzen in Tablettenform an, von denen aus verschiedenen Gründen abzuraten ist. Erstens steht man, wenn der Vorrat einmal erschöpft ist, da, ohne sich helfen zu können. Zweitens nimmt man mit dem so aufbereiteten Wasser eine Menge Chemie in sich auf. Drittens sind diese Tabletten nicht billig, und grundsätzlich liegt ihrer An-

Die billigste Kläranlage: PET-Flasche.

wendung irgendwie die falsche Haltung zugrunde. Man kann mit einfacheren und natürlicheren Mitteln viel mehr Wasser aufbereiten, ohne sich von Chemiefirmen abhängig zu machen.

Trinkwasser wird unterwegs sowohl für die Speisen und Getränke als auch später zum Abwaschen der Geschirrteile benötigt. In gewissen Mengen kann man es auf eine Wanderung oder ein Picknick mitnehmen. Bei mehrtägigen Reisen wird dies aber schon schwieriger. In solchen Fällen ist auf Wasser aus der Natur zuzugreifen. Allerdings gibt es nicht überall gerade da eine Quelle, wo man sie braucht. Nicht nur im Gebirge kann man sich gut an den Landschaftsformen orientieren, da Täler und Furchen meistens durch Bäche und Flüsse ausgewaschen wurden. An Gebirgshängen gibt es immer wieder Stellen, wo ein Bächlein vom Berg herunterkommt oder als Quelle zwischen den Steinen hervortritt. In der Nähe von Ansiedlungen und Gewerbebetrieben sollte man vom Trinken aus Bächen und Kanälen prinzipiell Abstand nehmen. Im Notfall kann man nach Grundwasser graben oder Regenwasser auffangen.

Hat man Wasser gefunden, stellt sich die Frage, ob man es aufzubereiten hat. In einer Höhe über 2.500 m kann man klares Wasser aus Bächen und Quellen bedenkenlos trinken. Auch Schnee kann zu gutem Trinkwasser geschmolzen werden, sofern er nicht aus einer Gegend stammt, in der sich viele Menschen aufhalten. Wasser aus Tümpeln und Lachen sollte generell nicht unaufbereitet getrunken werden. Bei Wasser aus der Natur sollte man folgende Kriterien beachten: Das Wasser sollte klar sein, also keine Trübungen aufweisen. Kaltes Wasser ist tendenziell weniger stark mit Keimen belastet als warmes. Wasser aus einem kiesigen oder sandigen Bachbett ist sauberer als solches aus einem lehmigen. Und schnell fließendes Wasser ist immer besser als langsam fließendes oder stehendes. Außerdem ist saures Wasser nicht so stark mit Nitraten und Nitriten belastet. Wer Teststreifen mitnimmt, kann den pH-Wert feststellen und ist unter pH 6 auf der sicheren Seite. Ein sicherer Hinweis ist es auch, wenn sich in der Nähe Nadelbäume befinden; diese deuten immer auf saures Wasser hin.

Unter den Aufbereitungsmethoden gibt es drei wirklich empfehlenswerte: das antibakterielle Filtern, das Abkochen und das Behandeln mit UV-Licht. Alle drei Methoden sind in der Wirkung gleich gut.

Die Filterung mit hochwirksamen keramischen Elementen reinigt auch von Schwermetallen, Pestiziden und anderen Giften und nutzt die natürliche Schwerkraft als Energie. Dafür dauert sie vergleichsweise lange. Ideal ist dafür ein ke-ramischer **Schwerkraftfilter** geeignet, wie man ihn beispielsweise von **British Berkefeld** bekommen kann. Er filtert das eingefüllte Wasser selbsttätig, macht also im Betrieb keine nennenswerte Arbeit. Das gefilterte Wasser kann dann über einen Hahn aus einem Vorratstank entnommen werden. Für Autoreisen ist dieses Gerät gut geeignet, für Wanderungen und Flugreisen allerdings nicht. Hier kommt es auf Handlichkeit und geringes Gewicht des Filtergeräts an, außerdem sollte es das aufbereitete Wasser schneller bereitstellen können. Ein ebenfalls keramisches Filtersystem, das jedoch nicht durch Schwerkraft, sondern durch die Pumparbeit des Menschen betrieben wird, ist der **Pocket Filter** der Firma **Katadyn**. Das Gerät wird ähnlich wie eine Luftpumpe bedient und drückt dann das aus einem Bach oder See entnommene Wasser durch das Filterele-

Der Pumpfilter von Katadyn ist unterwegs immer dabei.

ment hindurch. Die Filtrierung größerer Wassermengen ist langwierig und anstrengend, deshalb kann das Gerät nur für die gezielte Aufbereitung kleiner Wassermengen empfohlen werden. Für den Notfall ist es nicht schlecht, ein derartiges Gerät im Gepäck zu haben.

Ein primitives, aber sehr wirksames Verfahren zur Aufbereitung von Trinkwasser ist das **Abkochen**. Hierbei wird die gewünschte Wassermenge in einen Topf gefüllt und am besten mehrmals für jeweils zehn Minuten zum Kochen gebracht. Nach dem Abkühlen hat sich auch trübes Wasser weitgehend geklärt und kann sorglos getrunken werden. Wasser, das mit Umweltgiften belastet ist, verliert seine schädliche Wirkung durch das Abkochen allerdings nicht.

Für die Bestrahlung mit UV-Licht eignen sich, sofern keine besseren Möglichkeiten zur Verfügung stehen, die überall massenweise vorhandenen **PET-Getränkeflaschen** recht gut. Hierzu füllt man möglichst klares Wasser in die Flaschen und setzt diese mindestens einen ganzen Tag lang dem vollen Sonnenlicht aus. Durch die darin enthaltene ultraviolette Strahlung werden Mikroorganismen zuverlässig abgetötet, allerdings werden weder Schwebstoffe noch Kontaminierungen mit Schwermetallen oder Pestiziden entfernt. Bei diesem Verfahren handelt es sich um eine sehr einfache und zuverlässige Methode, die Ansteckung mit Krankheiten zu verhindern. Nicht immer ist dieses Verfahren allerdings praktikabel, sei es aufgrund trüben Wetters oder nicht ausreichender Zeit.

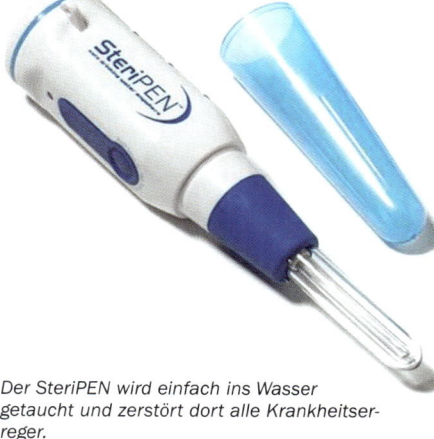

Der SteriPEN wird einfach ins Wasser getaucht und zerstört dort alle Krankheitserreger.

Viel besser und zuverlässiger ist die Verwendung eines speziellen Geräts, das in jedem Kleingebinde die ausreichend kräftige Bestrahlung mit hochwirksamem UV-Licht sicherstellt. Unter den mobilen Wasseraufbereitern ist dies gewissermaßen die Königsklasse. Die Geräte sind unter dem Namen **Steripen** in verschiedenen Modellen erhältlich. Sie bestehen aus einem Griffteil und einem Leuchtstab, der im Wasser herumgeschwenkt wird. Nach einer oder zwei Minuten ist das Wasser total keimfrei. Besonders überzeugend ist dabei die Eignung des Geräts für kleine Wassermengen bis zu einem Liter. Wenn man also nur das Wasser zum Durstlöschen oder für die Feldflasche entkeimen will, kommt man mit diesem Gerät schnell zum Ziel. Ein kleiner Nachteil liegt in der eingeschränkten Wirksamkeit bei Trübungen im Wasser. Die Trübungsteilchen lassen das UV-Licht nicht durch, sie werfen also einen Schatten, in dem Mikroorganismen unbehelligt bleiben. Im Vergleich zu anderen Aufbereitungsverfahren überzeugt der Steripen durch sehr schnelle, einfache Anwendung und konkurrenzlos niedrige laufende Kosten von weniger als fünf Cent pro Liter.

Wir haben nun gesehen, wo man Wasser findet, wann man es unaufbereitet trinken kann und wie man es im Zweifelsfall entkeimt. Nun soll es um Fragen des Wassermanagements gehen. Nicht jedes Wasser dient ja dem Trinken, oft braucht man es auch zur Körperpflege oder zum Reinigen des Geschirrs. Für diese Zwecke kann man problemlos Wasser aus der Natur verwenden. Wenn man nicht gerade wochenlang durch die Sommerhitze läuft, kann man auch Trockenshampoo und Handwaschpaste mit-

nehmen, die beide einen reinigenden und erfrischenden Effekt haben, ohne die Trinkwasserreserve anzugreifen. Was die Reinigung des Geschirrs anlangt, sollte man Schmutz und Reste gar nicht erst eintrocknen lassen, sondern sofort nach dem Essen entfernen. Wischt man die Sachen gleich mit einer sauberen Papierserviette blank, sind sie für den Rest der Wanderung ausreichend sauber. Eine regelrechte Desinfektion wird auch bei höheren Sommertemperaturen allenfalls in infektionsgefährdeten Gegenden anzuraten sein.

Etwas schwieriger ist die Reinigung des Kochgeschirrs, also der Töpfe und Pfannen. Hier ist es oft nützlich, Essensreste mit einem größeren Schluck Wasser auszuschwenken, doch auch dabei kann man sparen, wenn man das Wasser genau einteilt. Die erste, nicht zu große Portion dient dem Aufweichen von Essensresten und sollte – falls materialbedingt zulässig, mit etwas Spülmittel oder Soda – im Topf verbleiben, bis sich dort wirklich alles von den Wänden gelöst hat. Das kann bei angebranntem Essen schon ein paar Stunden lang dauern, bei Hitzezuführung geht es schneller. Erst dann wird das Wasser ausgeleert. Nun kontrolliert man, ob Anhaftungen und Reste vollständig entfernt sind, und spült das Gefäß dann nochmals mit etwas Wasser aus. Danach reibt man es gründlich trocken. Diese Methode reicht aus, um mit möglichst wenig Wasser auch stark verschmutztes Kochgeschirr ansehnlich und hygienisch einwandfrei sauber zu bekommen.

Aufbewahrung der Ausstattung

Die »Ersatzküche« des Verfassers bietet insgesamt sechs Kochstellen.

LAGERUNG ZUHAUSE

Wenn man die individuelle Ausstattung für das Kochen im Freien zusammenstellt, führt das auch zur Frage nach der zweckmäßigen Aufbewahrung des Kochgeräts. Dabei ist zunächst auf die Materialeigenschaften Rücksicht zu nehmen. Eisenwaren sollte man nicht in feuchter oder muffiger Umgebung lagern. Kochgeräte mit einer Patina werden in schlecht gelüfteten oder zu heißen Räumen alsbald müffeln. Unabhängig davon sind Sicherheitsfragen zu beachten: Benzinkocher, deren Tankdruck man nicht abgelassen hat, werden sich über kurz oder lang ihrer Umgebung durch entsprechende Düfte mitteilen. Bei Benzol, das sich allein durch Luftkontakt in fetthaltigen Lebensmitteln anreichert, hat dies auch gesundheitliche Auswirkungen. Deswegen sollte auf Benzinkochern nicht mit eingebrannten Eisengefäßen gekocht werden.

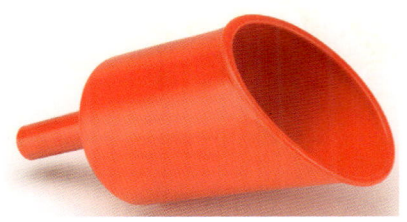

Eine schlaue Erfindung ist der Filtertrichter von Coleman, der selbst erkennt, wann der Tank voll ist.

Grundsätzlich ist kühle, trockene und luftige Lagerung für alle **Kochgefäße**, jedes Zubehör sowie Brennstoffe und Kocher immer am besten. Witterungsempfindliche Materialien dürfen nicht im Freien bleiben, auch ein schützender Ölfilm kann dort allmählich seine Wirkung verlieren. Besonders niedrige Temperaturen können Kunststoffe spröde machen, auf diese Weise kann bei Minusgraden der Deckel einer Petroleumkanne zerbrechen. Zu hohe Temperaturen führen zum übermäßigen Verdampfen leichter Brennstoffe und können die Bildung explosiver Luft-Brennstoff-Gemische begünstigen. Kochgefäße sollten deshalb getrennt von Brennstoffen und Kochern gelagert werden, zumal diese drei Gruppen verschiedene Lagerungsbedingungen erfordern.

Für die Lagerung von Kraftstoffen sind Autokanister gut geeignet.

Lagerung zuhause

Pfannen und Zubehör können sehr gut an einer Wandleiste eingehängt werden und sind damit gut verstaut und trotzdem schnell zur Hand. Ein passend geformtes Stück Rundstahl nimmt nicht nur mehrere Pfannen in verschiedenen Größen auf, sondern bietet daneben auch noch Platz für Deckelheber, Reinigungsbürste, Schöpfkellen, Kochlöffel und Geschirrtücher. Werkzeughalter mit zwei parallelen Eisenstäben, wie sie etwa von Manufactum angeboten werden, eignen sich hervorragend zur Aufnahme von Sandwich- und Waffeleisen mit langen Griffen. Reinigungsbürsten sollte man gleich in doppelter Ausführung anschaffen, weil man dann eine für die rußige Unterseite und eine für das Innere der Kochgefäße benutzen kann, ohne beim Reinigen den Ruß ins Topfinnere einzutragen.

Bei der **Lagerung von Brennstoffen** ist zwischen der Vorratslagerung und dem laufenden Bedarf zu unterscheiden. Grundsätzlich sind für die Lagerung von Brennstoffen auch die Gefäße geeignet, in denen man sie gekauft hat. Diese erfüllen jedoch nicht in jedem Fall die gleichen Qualitätsmaßstäbe wie richtige Sicherheitsflaschen. Eine Spiritusflasche kann schon mal einen undichten Deckel haben. Für die Vorratshaltung der Brennstoffe ist natürlich auch ihre Lagerfähigkeit von Belang. Da es sich bei Autokraftstoffen um Gemische verschiedenwertiger Leichtöle handelt, kann es zu Abscheidungen kommen. Für die vorgestellten Geräte ist das nicht so problematisch wie für das Auto. Solange das Risiko einer wirklich bedeutenden Versorgungskrise überschaubar gering

Sauber und vor allem wasserdicht sind die stabilen Weithalstonnen.

bleibt, kann man auf die Bevorratung größerer Kraftstoffmengen verzichten.

Die Lagerung hygroskopischer Brennstoffe wie Grillkohle oder Esbit-Tabletten verlangt eine Trennung von der Umgebungsluft. Für kleinere Mengen kann man Frischhaltedosen verwenden oder die Brennstoffe mit dem Folienschweißgerät verpacken. Größere Mengen kann man sehr gut in den dicht verschließbaren **Weithalstonnen** lagern, die übrigens für auch viele andere Zwecke gut geeignet sind: Bei Regen oder auf einer Kanufahrt halten sie Lebensmittel und Ersatzkleidung völlig trocken, daneben können sie zur Aufbewahrung eines Lebensmittelvorrats für Krisenzeiten dienen, mit klarem Wasser gefüllt geben sie im Sommer einen guten Kühler für Getränke ab, und wenn nicht genügend Sitzgelegenheiten zur Verfügung stehen, kann man sie auch dafür verwenden.

UNTERWEGS

Für die Behandlung der verschiedenen Gerätschaften auf Reisen gelten andere Rahmenbedingungen als bei der Aufbewahrung zuhause. Hier kommt es vor allem darauf an, Gefäße und Geräte vor Witterungseinflüssen und Beschädigung zu schützen, sie richtig zu reinigen und nach Maßgabe der Möglichkeiten zu pflegen. So bedarf nicht rostfreies Eisen immer einer schützenden Ölschicht, die problemlos auch unterwegs aufgetragen werden kann. Generell sollte für jedes mitgenommene Gerät eine geeignete Aufbewahrungsmöglichkeit vorhanden sein, beispielsweise eine regenabweisende Hülle oder ein anderer geeigneter Transportbehälter. Kompakte Reisekocher bringen oft konstruktionsbedingt ihre eigene Umhüllung mit, lassen sich also zusammenklappen und sind dadurch ausreichend geschützt. Wenn man bewegliche Teile vor der Abreise etwas ölt, reicht diese Pflege normalerweise bis zur Rückkehr aus. Wasserempfindliche Dinge wie Streichhölzer können in kleinen schützenden Behältern aufbewahrt werden, mindestens in einer kleinen verschließbaren Plastiktüte.

Asche zieht Feuchtigkeit an, folglich sollten Hobo-Kocher, Reisegrills und andere Geräte nach jeder Benutzung gereinigt werden. Dies dient auch der Sicherheit, weil sich sonst Glutreste im Gepäck entzünden könnten. Geräte, in denen Kraftstoffe verbrannt werden, müssen nach Gebrauch abkühlen und vom restlichen Tankdruck befreit werden. Laternen mit Glühstrümpfen sind ganz vorsichtig zu transportieren, weil die empfindlichen Strümpfe sonst zerbrechen. Dies schränkt nicht nur ihre Funktion ein, sondern auch die Sicherheit, weil in diesem Fall austretender Brennstoff das Vergaserrohr beschädigen könnte. Beim Transport von Brennstoffen ist unbedingt darauf zu achten, sie nicht bei den Lebensmitteln und Kochgefäßen aufzubewahren, da sie auslaufen können. Brennstoffe dürfen auch nicht zusammen mit Streichhölzern, Feuersteinen und anderen Feuererzeugern transportiert werden.

Wo immer man ist, bietet der Kelly Kettle ein wertvolles Stück Behaglichkeit. Und das auch bei Wind und Wetter.

→ WICHTIG

Brennstoffbehälter erlauben die sichere und einwandfrei erkennbare Aufbewahrung der gefährlichen Flüssigkeiten, für die sie gedacht sind. Keinesfalls dürfen Brennstoffe in Getränkeflaschen aufbewahrt werden!

Das passende Licht

Feuerstellen sind selbst oft ganz brauchbare Lichtquellen. Wenn es sich nur um ein Glutbett handelt, wenn das Feuer eingeschlossen ist oder sich der Speiseplatz nicht direkt neben dem Feuer befindet, wirkt sich jedoch die einbrechende Dämmerung schnell ungünstig aus. Hier helfen zusätzliche Lichtquellen, von denen viele ganz ähnlich funktionieren wie bestimmte Reisekocher. Denn die Laternen sind Verwandte der Kocher, teilweise nutzen sie die gleichen Verbrennungskonzepte, und manche von ihnen sind sogar mit einem Aufsatz als Behelfskochstelle zu nutzen. Es ist deshalb zweckmäßig, im Zusammenhang mit den Kochsystemen auch auf die verschiedenen Geräte zur Beleuchtung einzugehen.

eines Polizei-Sondereinsatzes. Es mangelt ihnen also erheblich an Romantik und noch dazu an nachvollziehbarer, herausfordernder Technik. Knips, an – knips, aus. Etwas mehr Möglichkeiten bieten Geräte mit mehreren Funktionen, meist lassen sich die Laternen herunterregeln oder in zwei Helligkeitsstufen betreiben, gelegentlich gibt es dazu noch einen Blinkmodus. In vielen Situationen spürt man auch schnell die Abhängigkeit von elektrischem Strom. Nicht immer scheint die Sonne, nicht immer kann man Akkus im Auto laden. Und ob man überall Batterien nachkaufen kann, ist fraglich. Unter bestimmten Umständen, zumal wenn es schnell gehen sollte oder man nicht lange im Dunkeln herumfummeln will, sind diese Geräte aber sehr hilfreich. Ein kompaktes und sehr licht-

LED-LATERNEN

Batteriebetriebene Lichtquellen mit LED-Technik, sogenannte LED-Laternen, sind derzeit die wohl wirtschaftlichste, ungefährlichste und bequemste Art, Licht in die Dunkelheit zu bringen. Sie setzen keine Abgase frei, was vor allem bei Verwendung im Zelt äußerst bedenkenswert ist. Mit einem Satz Batterien liefern sie mehrere Tage lang sehr helles Licht, außerdem können sie auf verschiedene Weise aufgestellt oder aufgehängt werden, und es kommt beim Betrieb zu keiner Hitzeentwicklung. Allerdings sind sie in manchen Fällen trotzdem nicht die beste und oft auch nicht die schönste Lösung. Sie haben den Nachteil, grelles Licht in einer kalten Lichtfarbe abzugeben – ihr hartes weißes Licht taucht jede Szene in das Ambiente

Campinglaternen mit LED-Technik gibt es in verschiedenen Größen und Bauweisen.

starkes Exemplar ist das Modell **Magic 185** von **Eureka**. Die handliche Zeltlaterne hat eine drehbar gelagerte Leuchteinheit im Kopf. Je nach Stellung kann sie als Taschenlampe mit breitem, diffusem Lichtkegel oder als Raumbeleuchtung mit Spiegelkalotte benutzt werden.

Es gibt aber auch große Handlaternen, die mit sechs Monozellen betrieben werden und es wirklich mit der elektrischen Wohnungsbeleuchtung aufnehmen können. **Litexpress** bietet eine derartige Lichtschleuder namens **Camp 201**. Dieses Gerät verfügt neben dem in zwei Stufen regelbaren Laternenlicht über ein zusätzliches Seitenlicht, das wahlweise auch rot leuchtet oder blinkt. Dadurch kann man die Laterne auch für gebündeltes Arbeitslicht und als Notsignal verwenden. Die beiden Lichtquellen werden durch zwei getrennte Schalter bedient, was die Handhabung vereinfacht. Der Lampenkopf ist abnehmbar, wodurch das Leuchtfeld erweitert und die Lichtausbeute erhöht wird. Die Laterne kann über Kopf an der Decke aufgehängt werden und stellt dann eine reguläre Ersatzbeleuchtung dar. Hierfür nimmt man den Diffusor ab, die Leuchteinheit schaut dann wie eine Glühlampe aus dem Gehäuse heraus. Das Schwestermodell **Camp 203 RC** verfügt dann auch gleich über eine Infrarot-Fernsteuerung anstelle des Seitenlichts. Die Lichtabgabe kann stufenlos bis auf 10 % heruntergedimmt werden, außerdem steht ein Blinkmodus (SOS-Signal) zur Verfügung. Der Fernsteuerungsmodus wird über den Hauptschalter an der Laterne aktiviert und kann dann mit der Fernbedienung ausgelöst werden. Die

Steuereinheit verfügt außerdem über eine Taschenlampe, was die Orientierung im Freien erheblich erleichtert. Wenn man die Laterne als stationäres Ersatzlicht fest montiert, ist die Möglichkeit der Fernsteuerung ausgesprochen praktisch. Sie ermöglicht auch die Benutzung als Wegbeleuchtung, wenn die Laterne erst bei Bedarf eingeschaltet werden soll.

Das Gehäuse beider Varianten ist stoßfest gummiarmiert, spritzwassergeschützt und mit eingelegten Batterien wirklich standfest. Der Tragebügel ist passend geformt, um sich, wenn man ihn wegklappt, gut an das Gehäuse anzulegen, und am Laternenboden befindet sich eine Öse zum Aufhängen an der Decke. Die beiden Kraftpakete erreichen eine Helligkeit von jeweils 400 Lumen und liegen damit in etwa gleichauf mit einer Starklichtlampe mit einem Glühstrumpf.

Eine Stabtaschenlampe mit immerhin 300 Lumen und einem scharf abge-

Die Taschenlampe T3R von Inova gehört zu den leistungsstarken Modellen.

grenzten Lichtkegel ist das Modell **Inova T4.** Dabei handelt es sich um ein Akku-Gerät, das über eine Ladestation im Auto oder im Haus immer in vollem Ladezustand gehalten werden kann. Das hat den nicht unerheblichen Vorteil, die Energiereserve der Taschenlampe in den Momenten zur Verfügung zu haben, in denen man sie braucht. Die Helligkeit ist äußerst überzeugend; die Lampe kann auch auf eine niedrigere Stufe umgeschaltet werden. Als Rundum- oder Hintergrundbeleuchtung eignet sie sich nur, wenn man damit eine reflektierende Fläche anstrahlt. Die konsequente Weiterentwicklung dieser vorzüglichen Taschenlampe ist in zwei Versionen unter den Namen **T3R** und **X3R** erhältlich und mit einer Lichtstärke von ca. 230 Lumen mehr als ausreichend hell. Für die Mitnahme solcher Taschenlampen eignet sich ein Gürtel.

FACKELN UND KERZEN

Kerzenlicht schafft stets eine romantische Stimmung.

Als nächstliegende Alternative gibt es natürlich Fackeln und Kerzen, mit deren Funktionsweise jeder hinlänglich vertraut ist. Als Windlicht oder mit automatischem Kerzenvorschub sind sie sowohl im Garten als auch unterwegs schnell zur Hand, funktionieren zuverlässig und spenden nicht viel, dafür aber sehr schönes Licht. Mit Kerzenlicht wird aus einem Essen immer ein besonderes Ereignis.

Die lichtstarken **Magnesiumfackeln** werden hier nur erwähnt, weil sie aufgrund starker Rauchentwicklung für unsere Zwecke nicht zu empfehlen sind.

Eine sehr gute Möglichkeit, Wachs für Beleuchtungszwecke zu nutzen, bietet das Schmelzfeuer der Firma Denk-Keramik. Es ist in vier Modellvarianten erhältlich und besteht aus einer kleinen feuerfesten Keramikschale mit einem speziell aufgebauten Glasfaserdocht. Die Schale wird mit Wachsgranulat oder Kerzenresten gefüllt und erzeugt eine sehr stimmungsvolle, helle Flamme, die auch bei starkem Wind nicht verlöscht. Das Konzept des Schmelzfeuers sieht eine Verwertung von Wachsresten vor, die sonst üblicherweise weggeworfen würden. Wenn im Haushalt keine Kerzenreste anfallen, lassen sich die Schalen bequem mit gekauftem Granulat betreiben. Weil die Wachsflamme sich selbst überlassen werden kann, eignet sich das Schmelzfeuer gut als romantische Beleuchtung im Garten oder vor dem Zelt. Die Brennschale ist umweltfreundlich, unkompliziert, sicher und sparsam.

Eine sehr interessante Variante der Kerze liegt im **Hindenburglicht** vor,

Das Hindenburglicht, eine Dosenkerze mit Geschichte.

einem übergroßen Teelicht mit zwei stabil befestigten Dochten und einem Blechdeckel, der im Betrieb auf dem Wachsbehälter verbleibt. Während des Zweiten Weltkriegs wurden mit ähnlichen Wachslichtern Bunker und Unterstände beleuchtet, in den Wohnungen zündete man sie bei Verdunkelung oder Stromausfall an. Im Notfall kann man auf einem Hindenburglicht leidlich gut kochen, und es kann als kleines Signallicht ebenso verwendet werden wie als unabhängige und zuverlässige Kleinbeleuchtung. Zwei oder drei Stück auf dem Gartentisch verteilt geben jedem Abendessen eine romantische Note. Ihre Flamme ist größer als die der Tafelkerze, weshalb sie eben auch etwas mehr Licht liefert. Aber richtig hell wird es damit nicht.

BENZIN-, PETROLEUM- UND GASLATERNEN

Wer es richtig hell haben möchte, sollte sich mit Beleuchtungsgeräten auseinandersetzen, deren Funktionsprinzipien de-

nen einiger Kocher ähneln und deren Handhabung deswegen im Prinzip schon bekannt ist. In diesem Absatz soll es um **Benzin-, Petroleum-** und **Gaslaternen** gehen. Die Funktionsweise der ähnlich konstruierten Kocher wird hier als bekannt vorausgesetzt und kann an entsprechender Stelle in diesem Buch nachgelesen werden.

Bei diesen Laternen sind, wie bei den Kochern, zwei Grundsysteme zu unterscheiden: einmal die Verbrennung über

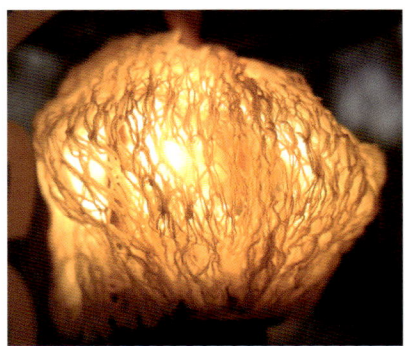

Der kleine SOTO-Glühstrumpf im Betriebszustand.

einen Docht und zum anderen die Verbrennung von Gas oder gasähnlichem Dampf, ihrerseits unterteilt in die direkte Verbrennung und die Verglühung in einem Auerschen Glühkörper (landläufig »Glühstrumpf«, in Enthusiastenkreisen »Socke« genannt). Wieder treffen die Merkmale der beiden Grundkonzepte zu: Dochtverbrennung bedeutet geringere Energieausbeute, weniger Leistung, mehr Geruchs- und Rußentwicklung. Dafür ist sie simpel, sehr leicht zu warten und dauerhaft zuverlässig. Vergaserverbrennung bedeutet sauberere Verbrennung, höhere Leistung und geringere Nebenwirkungen wie Gerüche. Sie ist mit höherem konzeptionellem und technischem Aufwand verbunden, deshalb teurer und wartungsintensiver. Direkte Verbrennung des Brennstoffs ohne Docht kommt nur in Form bestimmter Gaslaternen vor, etwa dem Modell »Ambiance« der Firma Campingaz.

Lampen, die mit Gas oder gasähnlichen Energieträgern (Petroleum oder Benzin) betrieben werden, nutzen die Eigenschaft bestimmter Stoffe, bei Erhitzung zu leuchten. Diese Stoffe werden zu den Seltenen Erden gezählt und erfordern eine etwas umständliche Herstellung: Ein Gewebekörper (Glühstrumpf) wird mit einer speziellen Zubereitung getränkt, durch die der funktionsgebende Stoff in die Gewebefasern eingebracht wird. Früher war dies das schwach radioaktive Thorium, heute verwendet man in Europa und den USA das nicht strahlende Yttrium. Der Strumpf wird getrocknet und dann vom Benutzer über einen Zuleitungsstutzen an der Laterne gestülpt und dort festge-

bunden. Um diesen Glühkörper verwenden zu können, sollte man ihn nun vorsichtig abbrennen. Man zündet ihn also an und wartet, bis er sich in ein hartes Aschegerüst verwandelt hat. Manche empfehlen, ihn dafür zunächst mit Spiritus zu tränken, was ein gleichmäßiges Entflammen und dadurch auch einen gleichmäßigeren Abbrand bewirkt. Beim Abbrennen wird der Glühkörper wesentlich kleiner, während sich aus dem Thorium oder Yttrium zusammen mit dem Sauerstoff aus der Luft das jeweilige Oxid bildet.

Ältere Glühstrümpfe oder solche aus zweifelhafter Quelle können neben dem radioaktiven Thorium auch Asbest enthalten. Beide Stoffe können, wenn sie in den Körper aufgenommen werden, zu erheblichen Gesundheitsschäden führen. Da die Glühkörper-Asche sehr empfindlich ist und bei Erschütterungen zu ei-

Die Vapalux-Laternen sind nicht nur zweckmäßig, sondern auch wunderschön.

nem flüchtigen Staub zerfällt, kann man diese Teilchen unter Umständen einatmen. Die schwache α-Strahlung, die von den intakten Glühkörpern ausgeht, schadet jedoch nicht, denn sie ist nicht einmal in der Lage, den Glasschirm der Lampe zu durchdringen und würde es nicht durch Kleidung und Hautschichten schaffen. Trotzdem werden gute Marken-Glühstrümpfe aus nachvollziehbaren Quellen, die in Europa regulär im Handel sind, heute ohne diese Substanzen hergestellt. Bei neu gekauften Glühstrümpfen der Marken Campingaz, Coleman, Loxon, Pelam und SOTO kann man das als sicher voraussetzen, während man bei alten Glühstrümpfen von Petromax sowie neuen von Butterfly, Red Heat und Anchor von Thorium und Asbest ausgehen kann. Wie es sich mit älteren Campingaz-Glühstrümpfen verhält, die noch vor einigen Jahren in quadratischen Tütchen aus Butterbrotpapier vertrieben wurden, konnte nicht einmal die deutsche Niederlassung dieser Firma nach mehrfachem Nachfragen ermitteln. Coleman-Glühstrümpfe sind seit den frühen 1990er Jahren sauber, die »Silk Lite Mantles« dieses Herstellers lassen aber einen Geigerzähler noch auf 30 cm Entfernung kraftvoll ausschlagen. Die Halbwertszeit des aktiven Isotops Thorium-230 beträgt immerhin 75.000 Jahre. Tun Sie sich also einen großen Gefallen und verwenden Sie ausschließlich neue Glühstrümpfe!

Falls Sie **Glühkörper aus Bundeswehrbeständen** finden, achten Sie auf die Versorgungsnummer. Solche mit der Nummer 6260-12-324-9043 enthalten Asbest und Thorium, während diejenigen mit der Nummer 6260-12-330- 7916 frei von diesen Stoffen sind. Man kann sich zwar durch ein paar Sicherheitsmaßnahmen effektiv schützen, aber man kann nicht rund um die Uhr kontrollieren, wer mit der Laterne herumspielt. Daher sollte man grundsätzlich nur ungefährliche Glühstrümpfe verwenden.

→ ACHTUNG

⚠️

Alte Laternen können radioaktive Aschereste enthalten. Sicherheit erhält man nur durch gründliches feuchtes Reinigen der gesamten Laterne, vor allem aber des Brennraums. Die dafür benutzten Papiertücher sollten sachgemäß entsorgt werden. Das Ausblasen entfernt zwar die Aschereste aus dem Brennraum, kontaminiert aber die Umgebung!

Benzinlaternen von Coleman. Andere sind schöner aber diese tun's auch.

Das passende Licht

Die Königsklasse dieser Beleuchtungsgeräte bilden die **Benzinlaternen**. Der Umgang mit einer solchen Benzin-Starklichtlampe erfordert Geschick, Geduld und technisches Verständnis. Vor allem sollte man sich dabei stets die Risiken vergegenwärtigen, die im Zusammenhang mit unter Druck gesetztem Benzin bestehen. Vor jedem Handgriff an der laufenden oder noch heißen Lampe sollte man genau überlegen, ob er richtig, notwendig und zweckmäßig ist. Vor allem betrifft dies das Ablassen von Druck aus dem Tank, denn hierbei tritt Benzindampf aus, der leicht Feuer fängt und zusammen mit der Umgebungsluft in Form einer Stichflamme verpuffen kann. Die Betriebsgeräusche einer Starklichtlampe und der deutliche Benzingeruch sind außerdem nicht immer erwünscht, weshalb diese Art der Beleuchtung eher für ein rustikales Männertreffen mit Bier und Schweinskotelette geeignet ist als für ein lauschiges Dinner.

Als einfache **Petroleumlaterne** mit Dochtsystem ist die **Feuerhand**-Sturmlaterne eine Legende. Sie wurde oft kopiert, doch nur das Original verfügt über ein durchdachtes Luftsystem in den Metallteilen, in dem die Zuluft angewärmt und sanft an die Flamme herangeführt wird. Die Laterne ist aus Blech gefertigt, verzinkt und gelegentlich lackiert. Das Glas ist hitzefest und auch in farbigen Varianten erhältlich. Zu betreiben ist die Feuerhand-Sturmlaterne am besten nur mit echtem Petroleum. Die gängigen Lampenöle greifen die Dichtungen an und führen irgendwann zum Aussickern von Brennstoff aus dem Tank. Betankt

Die »Feuerhand« kennt jeder. Sie ist allen Nachbauten überlegen.

man sie mit Dieselkraftstoff, Speiseöl oder Heizöl extra leicht, wird sich überdies der Docht früher oder später mit Crackprodukten zusetzen, was zum vorzeitigen Verlöschen der Flamme führt. Experimentierfreudige Benutzer haben die Laterne auch schon mit Wachs betrieben, was bei ausreichender Erwärmung des Lampenbodens prinzipiell funktioniert, aber ebenfalls Rußprobleme mit sich bringt. Es ist auch die nicht unerhebliche Geruchsentwicklung zu bedenken, die von einigen Brennstoffen bei der Verbrennung mit einem Docht ausgeht. Am besten ist es also, Ersatzstoffe für den empfohlenen Brennstoff nur im Notfall zu verwenden.

Noch interessanter ist eine andere klassischen Petroleumlampe, das **Aladdin-Glühlicht**. Hier wirkt ebenfalls ein Docht, doch ist über ihm ein Glühstrumpf montiert, der in den heißen Abgasen der Dochtflamme sehr hell leuchtet, vergleichbar einer 60-Watt-Glühbirne. Aladdin-Lampen brennen deshalb sehr geruchs- und rußarm und sind für den Einsatz in gelüfteten Räumen sehr

Verrußte Glühkörper kann man mit einer Lötlampe freibrennen.

chern, verdampft werden. Dieser heiße Dampf wird dann im Glühstrumpf verbrannt. Petroleum-Starklichtlampen sind sehr zuverlässig und im Vergleich zu den Benzinmodellen weniger gefährlich. Aufgrund der katalysierten Verbrennung im Glühkörper sind sie im Vergleich zu Dochtlampen weniger geruchsintensiv, allerdings nicht geruchsfrei. Die Rußentwicklung hängt stark vom verwendeten Brennstoff ab: Heizöl extra leicht und Dieselkraftstoff bringen auch hier wieder die schlechtesten Ergebnisse. Die Firmen, bei denen man Starklichtlampen kaufen kann, bieten auch im Petroleumbereich hochreine Brennstoffe an. Stehen einem solche Spezialstoffe nicht zur Verfügung, sollte man das Petroleum wenigstens filtern, damit sich im Vergasersystem keine Schwebstoffe oder Rostteilchen festsetzen können.

gut geeignet. Das Besondere an ihnen ist ihre beachtliche Leistung ohne Vergasersystem. Sie gehören zu den Petroleumglühlichten: Die Dochtflamme soll nur blau brennen, weil sich gelbe Flammenspitzen sofort als Rußfeld auf dem Glühstrumpf bemerkbar machen würden. Hierfür ist eine sorgfältige Pflege des Runddochts notwendig. Die Rußstellen verschwinden, sobald die Flamme richtig eingestellt ist. Das Hochfahren dieser Lampe dauert ein Weilchen, lohnt sich aber. Aufgrund ihrer durchdachten Bauweise, bei der nicht viel kaputtgehen oder verschleißen kann, ist sie außerdem ein echter Sonderfall unter den Glühkörperlampen. Die Glühstrümpfe sind frei von Asbest und Radioaktivität. Die Aladdin-Lampe wird in Deutschland von der Firma **Manufactum** angeboten.

Petroleum wird auch in Starklichtlampen als Brennstoff genutzt und sollte dafür zunächst, genau wie bei den Ko-

Seit einiger Zeit sind billige Starklichtlampen aus fernöstlichen Quellen auf dem Markt, und wenn man heute eine Petromax kauft, erhält man ebenfalls ein chinesisches Produkt. Die Qualität dieser Lampen ist teilweise mangelhaft, und es gibt erhebliche Sicherheitsrisiken im Zusammenhang mit Brennstoffen, die unter Druck gesetzt werden. Beim Kauf einer solche Lampen sollte man wissen, ob der Händler vertrauenswürdig ist. Manche Importeure führen standardmäßig technische Überarbeitungen durch. Die Petromax-Liebhaberei ist von der Attitüde her vergleichbar mit der Welt der Auto- und Motorradschrauber: Man hängt sich an eine Legende dran, setzt sehr viel Zeit und Geld ein, könnte aber mit einem neuen Gerät von einem anderen Hersteller durchaus besser fah-

Starklichtlampen bringen Licht und technisches Ambiente – echtes Männerspielzeug.

ren. Mehr als leuchten kann der berühmte Klassiker nämlich auch nicht. Und angesichts der qualitativen und auch herstellerseitigen Nähe zwischen Petromax und Sea Anchor kann man sich schon die Frage stellen, ob eine der schönen Starklichtlampen von Vapalux oder Tilley vielleicht doch der bessere

Kauf ist. Historische Modelle vom Flohmarkt sollte man sich zur Benutzung nur anschaffen, wenn man technisch versiert ist und die Lampe selbst gründlich aufarbeiten kann. Das kann ein hübsches Hobby sein, sollte aber nur angefangen werden, wenn man sich die damit verbundenen Risiken vergegenwärtigt hat.

HINWEIS

Undichte Stellen am Tank kann man schnell lokalisieren, indem man die aufgepumpte Lampe mit dem Tank unter Wasser taucht. Undichten Ventilen kommt man bei, indem man sich die passenden Verschleißteile besorgt und das System einer gründlichen Revision (und Reinigung) unterzieht.

DER BETRIEB VON STARK-LICHTLAMPEN

Zum Betreiben einer Vergaser-Starklichtlampe ist es sehr hilfreich, sich zunächst mit ihrer Funktionsweise auseinanderzusetzen und vor Inbetriebnahme die jeweilige Gebrauchsanleitung genau durchzulesen.

Der Betrieb von Starklichtlampen

Die Petromax – ein Klassiker. Heute wird sie in China gebaut.

Wenn die Starklichtlampe eine Vorheizschale enthält, heizt man sie mit Spiritus vor. Hierdurch erhitzt sich das Vergaserrohr. Das Vorwärmen ist eher bei den Petroleumlampen notwendig, Benzinlampen lassen sich sofort entzünden. Zwar müssen sie auch vorgeheizt werden, erledigen dies jedoch sozusagen selbst, weil die Anfangsflamme das Vergaserrohr erhitzt. Ist das System heiß, baut man (falls noch nicht geschehen) Druck im Tank auf. Durch Öffnen des Regelhahns gibt man nun den Brennstoff frei, der unterwegs zu Dampf wird und in den Glühstrumpf strömt. Während dies geschieht, sollte unbedingt ein geeignetes brennendes Feuerzeug dicht in die Nähe des Glühstrumpfes gehalten werden, damit der Brennstoff gleich entzündet wird und es nicht zu einer Verpuffung kommen kann. Hierfür gibt es übrigens auch Funkensysteme, die in die Lampen eingebaut werden können. Mit etwas Übung kann man die Lampe aber auch an der noch brennenden Vorheizschale entzünden.

Das Entzünden derartiger Lampen kann immer wieder einen unvorhergesehenen Verlauf nehmen. Es ist in jedem Fall ratsam, in solchen Fällen die Brennstoffzufuhr sofort zu unterbrechen, indem man das Regelventil schließt. Wenn es möglich und vertretbar ist, sollte der Druck aus dem Tank abgelassen werden. Flammen, die oben aus der Lampe schlagen, deuten auf einen fehlerhaften Betrieb hin; möglicherweise ist das Vergaserrohr auszutauschen. Wenn die Flammen gelb sind, stammen sie von flüssigem Brennstoff. Die Ursache kann deshalb auch eine undichte Stelle sein, z. B. wenn die Düse oder der Vergaserfuß zu locker sitzt. Manchmal ist aber das Vergaserrohr noch nicht heiß genug – man sollte beim Vorheizen immer genügend Sorgfalt walten lassen. Wenn die Lampe Druck verliert, wird es irgendwo eine undichte Stelle geben. Oft hat man aber nur den Tankdeckel oder die Entlüftungsschraube nicht fest zugedreht. Die eingesetzten Dichtungen haben nur eine begrenzte Lebensdauer und sollten gelegentlich erneuert werden.

Ein weiteres Problem kann im zu schwachen Leuchten oder mangelhafter Reguliermöglichkeit der Lampe bestehen. Falls die Düse verstopft ist, kann man diese sehr gut mit einer Düsennadel reinigen. Möglicherweise entsteht dieses Problem aber auch, wenn das Vergaserrohr verschleißt. Dann sollte dieses ersetzt werden. Auch kann das Vergaserfußventil defekt sein, und man kann möglicherweise durch Reinigung und erneuten Zusammenbau Abhilfe schaffen. Im Innern des Systems gibt es, wie bei manchen Kochern, auch eine Reinigungsnadel, die sehr empfindlich und vielleicht verbogen ist. Bevor man Teile dieser Art wieder »zurechtbiegt«, sollte man immer erst versuchen, ein passendes Ersatzteil zu bekommen. Zu einem störungsfreien Betrieb kann man eine Menge beitragen, wenn man möglichst hochwertigen, gereinigten Brennstoff verwendet. Ist dieser nicht verfügbar, sollte man den verwendeten Brennstoff beim Einfüllen unbedingt filtern.

Übrigens: Wenn die Lampe nicht richtig leuchtet, liegt es meistens am nachlassenden Druck im Tank oder am Versiegen des Brennstoffs.

Gaslaternen funktionieren im Grunde genauso, brauchen aber keinen Vergaser und müssen deshalb auch nicht vorgeheizt werden. In ihnen strömt das Gasgemisch direkt in den Glühkörper und verbrennt dort, und zwar im Vergleich mit den anderen hier vorgestellten Beleuchtungsgeräten am saubersten. Geräusche gibt es hier jedoch ebenfalls. Die Gaslaternen der verschiedenen Hersteller sind nicht nur technisch ausgereift, sondern die Benutzung ist auch sehr bequem. So gab es schon vor Jahrzehnten eine kleine Gaslaterne von Campingaz, die mit einem eingebauten Funkengeber ausgerüstet war. Heute werden solche Lampen meistens mit Piezosystemen gezündet. Die verschiedenen Modelle von Firmen wie Campingaz, Coleman und anderen Herstellern arbeiten alle nach demselben Prinzip, sie unterscheiden sich nur hinsichtlich ihrer Größe, der benötigten Gaskartuschen und ihrer

Klein, praktisch und zuverlässig: die Gaslaterne von SOTO.

Leuchtkraft. Von der kleinen Stechkartuschenlampe bis zum großen Modell, das auf eine Mehrliterflasche geschraubt wird, ist alles vorhanden. Zu bedenken ist wiederum der sehr hohe Preis des Kartuschengases, das außerdem nicht einmal überall verfügbar ist. Den hohen Bequemlichkeitsfaktor hat man also teuer zu bezahlen, Gassysteme sind bei häufigem Einsatz nicht gerade wirtschaftlich. Austretendes Gas kann zu Gefährdungen führen. Und nicht zuletzt ist die bei niedrigen Temperaturen und in großer Höhe rasch nachlassende Zuverlässigkeit der Kartuschensysteme zu bedenken.

Das Konzept der Gaslaterne wurde vor einiger Zeit von dem japanischen Hersteller SOTO sozusagen zuendegedacht. Dort hat man eine sehr handliche Laterne entwickelt, die etwa so groß ist wie eine Kerzen- oder LED-Laterne, dabei aber ein vollwertiges Gassystem und einen Brennraum mit Glühstrumpf enthält. Sie hat drei ausklappbare Standbeine, ein zuverlässiges Piezosystem und einen nachfüllbaren Gastank. Sie können Sie so schnell und einfach befüllen wie ein Feuerzeug. Oberhalb des Glühstrumpfs hat sie eine Öffnung für die Abluft, durch die die Flamme nach oben austreten kann, falls man die Laterne ohne Glühstrumpf betreibt. Als sehr praktische und leistungsstarke Beleuchtung fürs gut belüftete Zelt, für den Gartentisch und viele andere Einsatzzwecke ist diese kleine Laterne derzeit an praktischem Wert und Handlichkeit unübertroffen. Sie kann mit einer schlanken Umverpackung geschützt und in jedem Rucksack verstaut und zur Not auch mit nur einer Hand in Betrieb genommen

werden. Wenn man die volle Lichtleistung in Anspruch nimmt, ist aufgrund des geringen Tankinhalts allerdings etwas häufigeres Nachfüllen erforderlich, woran man gerade bei Reisevorbereitungen denken sollte. Für diesen Zweck liefert SOTO auch einen Adapter, den man an Schraubkartuschen anbringt, um sie zum Befüllen der Laterne zu verwenden.

Eine weitere interessante, aber nicht spektakuläre Beleuchtungsmöglichkeit mit Gas ist das Modell **Ambiance** von Campingaz, das Gas direkt ohne Glühstrumpf verbrennt. Das Licht flackert sinnlich und wird wegen seines romantischen Werts beworben. Bei so schmucker Beleuchtung kann man schön Rotwein trinken… Genauso kann die oben beschriebene SOTO-Laterne betrieben werden, wenn man sie ohne Glühkörper verwendet.

Die Ambiance, ein beschauliches Gaslicht. Früher ging so etwas mit Petroleum.

Kochen
unter besonderen
Bedingungen

KOCHEN BEI WIDRIGER WITTERUNG

Wenn die **Naturgewalten** toben, steht man mit seinem Kochgerät vor besonderen Herausforderungen. Manche Geräte sind dann ganz in ihrem Element, beispielsweise der Kelly Kettle, der Cobb-Grill oder der Trangia-Sturmkocher. Andere wie etwa der Esbit-Taschenkocher sind dann nicht mehr einsatzfähig. Deshalb sollte man sich schon vor Reiseantritt mit den möglichen Widrigkeiten des Wetters auseinandersetzen. Das führt nicht nur zur Auswahl des geeigneten Geräts (und ist nebenbei einer der Hauptgründe, wieso man überhaupt verschiedene Geräte besitzen sollte), sondern bringt auch eine stärkere theoretische Durchdringung der jeweiligen Möglichkeiten mit sich.

Der **Winter** ist für den Draußenkoch die härteste Jahreszeit. Bis das Feuer brennt, sind die Finger schon klammge-

Erst bei Schnee und Eis bewährt sich das bessere Kochgerät.

froren. Starker Schneefall schwächt nicht nur das Feuer, sondern verdünnt auch das Essen – deshalb braucht man umso dringender einen Deckel. Im Winter ist aber auch der Boden feucht, weshalb das Feuermachen erschwert sein kann. Spiritusbrenner funktionieren bei großer Kälte nicht zuverlässig, sie sind deshalb vorzuwärmen. Auch Gaskartuschen bringen dann nicht ihre volle Leistung. Sehr gut eignen sich Geräte, die Benzin oder trockenes Holz verbrennen, wobei es dann wieder ein logistisches Problem sein dürfte, trockenes Holz zu finden. Hat man sich vorher einen mobilen Brennstoffvorrat aus gewachsten Holzspänen zugelegt, ist man auf der sicheren Seite. Auch eine Mischung aus Esbit-Tabletten und Holzkohle eignet sich im Winter für ein beständiges Feuer im Hobo-Kocher sehr gut. Es ist immer sinnvoll, sich für das Kochen im Freien eine sichere und geschützte Ecke zu suchen, damit der Aufbau nicht zu sehr dem Wetter ausgesetzt ist. Ein faltbarer Windschutz erweist sich hier als Möglichkeit, den Brennstoff wesentlich besser auszunutzen, da das Kochsystem dann von der kalten Umgebung getrennt ist. Einen solchen Windschutz oder den Topfstand Marke Eigenbau kann man auch auf den Dutch Oven legen, um die Hitze der oben aufgelegten Briketts besser auszunutzen.

Ausgewiesene Winter-Kochgeräte sind alle Reisekocher mit Vergasersystem, der Trangia-Sturmkocher aufgrund seiner wirkungsvollen Abschirmung, der Kelly Kettle, der Cobb-Grill, bei geschützter Aufstellung auch der Rocket Stove sowie der Dutch Oven bei Betrieb mit einem faltbaren Windschutz. Nicht geeignet sind alle Kochsysteme mit exponiertem Feuer.

Für das Kochen im **Wind oder Sturm** können die vorstehend gegebenen Hinweise ebenfalls gelten. Der Rocket Stove kann bei mäßigem Wind vorteilhaft eingesetzt werden, indem man seine Füllöffnung gegen den Wind dreht. Dadurch brennt er nur noch stärker. Bei trockener Umgebung, insbesondere im Sommer, dürfen keine Brennsysteme verwendet werden, die Funkenflug erzeugen. Hier scheidet also der Vital Stove ebenso aus wie der Pelletbrenner. Alle Kochgeräte sollten bei Wind unbedingt mit einem Windschutz versehen werden, was die Kochzeit erheblich verkürzt, Energie spart und die Umgebung vor Funkenflug schützt. Außerdem schützt er die Flamme davor, vom Wind ausgeblasen zu werden.

Der Allwetterkocher: Sturmkocher von Trangia, hier aus hartanodisiertem Aluminium.

Auch bei **Regen** ist das Kochen im Freien etwas schwierig. Ein bereits brennendes Kochfeuer wird zwar von einem leichten Regen nicht gelöscht, aber die Kombination aus Hitze und Wasser setzt manchen Materialien gehörig zu. Ein Dutch Oven mit oben aufgelegten Briketts sollte unbedingt bedeckt werden, auch weil ein kräftiger Regen die Hitzewirkung erheblich vermindern kann. Probleme, die der Regen mit sich bringt, liegen aber auch im Aufweichen des Bodens und in der überall vorhandenen Nässe. Beides erschwert die Einrichtung einer stabilen und gut laufenden Kochstelle. Sofern der Untergrund mitspielt, sind geschlossene Systeme zu bevorzugen, da sie das Feuer vom Wetter isolieren und für einen ungehinderten Kochbetrieb sorgen. Wenn es nur regnet und nicht stürmt, kann man aber auch den Kochtopf als Regenschutz auffassen, unter dem ein offener Kocher geschützt weiterarbeiten kann.

Aus anderen Gründen ist besondere Vorsicht beim Kochen geboten, wenn in der Umgebung **Hitze** herrscht. Trifft sie

Bei Wind sind Kochstellen im Vorteil, die gleich auch einen Windschutz bieten.

Kochen bei widriger Witterung

mit heller Sonneneinstrahlung zusammen, liegt eine ihrer Gefahren darin, Spiritusflammen unsichtbar zu machen. Es ist dann schwierig zu erkennen, ob der Kocher brennt oder nicht. Außerdem besteht bei Hitze insbesondere die Gefahr einer Brandausbreitung, die in Verbindung mit Wind noch verschärft wird. Dann scheiden alle Geräte aus, bei denen es zu Funkenflug kommen kann. Sinnvoller sind auch dann wieder umschlossene Systeme. Eine gute Alternative zum Lagerfeuer stellt der kleine Hobo-Kocher dar, weil er das Feuer ganz gut vom Untergrund trennt. Systeme dieser Art sollten jedoch nur verwendet werden, wenn man Funkenflug ausschließen kann und kein Wind weht. Eine hohe Umgebungstemperatur macht alle flüssigen Brennstoffe brennbarer. Vor allem bei Hitze ist das offene Kochen in **Wald und Wiese** tunlichst zu unterlassen, und zwar auch dann, wenn es nicht ausdrücklich verboten ist. Vor allem in waldbrandgefährdeten Gebieten kam es aufgrund von Fahrlässigkeit immer wieder zu extremen Großbränden, denen nicht nur große Teile der Natur zum Opfer fallen, sondern von denen auch eine große Gefahr für Menschen ausgeht. Wo trockenes Laub oder Gras zu finden ist, darf also keinesfalls Feuer gemacht werden. Schon wenige Hundert Meter weiter kann es einen unbewachsenen Untergrund geben.

Auf dem Wasser kann man ebenfalls kochen, und auch hier gelten bestimmte Vorsichtsmaßregeln. Nicht zufällig werden auf kleinen Segel- oder Motorbooten Grills immer außerhalb der Reling überm freien Wasser befestigt. Denn bricht an Bord ein Feuer aus, ist dies ein ernsthafter Notfall. Erstens ist ja der Platz begrenzt, man kann sich also kaum in Sicherheit bringen, wenn man nicht über Bord springen will. Zweitens wird mit dem Boot das Transportmittel gefährdet, das einen wieder an Land bringen soll. Auch wegen der dort oft vorhandenen Kraftstoffreserven ist offenes Feuer auf einem Boot zu vermeiden. Man sollte besser auf den nächsten Landgang warten.

Feuer im Wald ist kein Spaß – es drohen schwerste Unglücke!

Durch extreme Wetter kann einerseits das Essen beeinträchtigt, andererseits können die Kochgeräte beschädigt werden. Bei starkem Wind kann immer etwas umgeweht werden. Plötzlicher, heftiger Regen kann heißes gegossenes Eisen zerbrechen lassen. Niederschlag jeder Art ist im Essen natürlich nicht erwünscht. Alle offenen Zubereitungsformen müssen deshalb bei einsetzenden Unwettern geschützt werden. Geschlossene Töpfe sind gegenüber den Pfannen klar im Vorteil. Gleichzeitig sollte aber auch das Feuer, das Kohlenbett oder der verwendete Kocher gegen Niederschlag geschützt werden. Bei ausreichender Zufuhr von trockenem Brennholz kann man mit den dafür vorgesehenen Kochern weitgehend störungsfrei weiterarbeiten, zumal ihr Brennraum in der Regel durch das aufgesetzte Kochgefäß geschützt ist. Gleiches gilt zwar auch für Reisekocher, die mit Benzin, Petroleum oder Gas laufen, doch kann ihre Flamme durch seitlich anschlagenden Wind gelöscht oder doch in ihrer Wirksamkeit erheblich eingeschränkt werden. Ein Windschutz kann dem vorbeugen. Die beschriebenen Sturmkochersysteme, die einen stabilen Windschutz enthalten

Grillen über der Reling ist sicher und trotzdem praktisch.

(z. B. der Trangia-Sturmkocher), sind komplett gegen stärkste Wettereinwirkungen geschützt. Unter den Grillgeräten gibt es nur zwei, die wetterfest sind: den geschlossenen Grill und den Smoker. Ihre Deckel können bei schwallartigen Güssen beschädigt werden, aber normaler Niederschlag macht ihnen nichts aus. Gegenüber Wind sind sie vollkommen unempfindlich, weil sich ihre Zu- und Abluftöffnungen genau einstellen lassen. Für die Verwendung der gegossenen Töpfe bei wechselhaftem Wetter gibt es spezielle Feuerstellen, die mit einem Regendach ausgerüstet werden können. Solche Aufbauten eignen sich auch gut für die geschützte Verwendung einer Pfanne über dem Kohlenbett, allerdings wird man sie allenfalls im Basislager verwenden. Nur die ganz kleinen Kocher, stellvertretend sei hier der Esbit-Taschenkocher genannt, kann man bei starken Wettern getrost in der Tasche lassen. Sofern man keinen wirklich gut geschützten Platz für ihren Betrieb findet, wird man daran nicht viel Freude haben.

KOCHEN IM AUSLAND UND AUF REISEN

Das Kochen im Ausland und auf Reisen stellt eine besondere logistische Herausforderung dar. Das erste Problem taucht auf, wenn man sich für eine Flugreise entscheidet, denn Brennstoffe dürfen auf diesem Weg nicht transportiert werden. Leere Kocher sollten jedoch kein Problem darstellen, falls erforderlich, kann man sie auch zerlegt transportieren. Der Brennstoff darf dann erst am Zielort beschafft werden. Es kann sinnvoll sein, dafür geeignete leere Transportbehälter mitzunehmen. Vor Reiseantritt sollte man sich genau darüber informieren, welchen Brennstoff der Kocher benötigt und ob er in der Zielregion leicht zu bekommen ist. Dies betrifft insbesondere die verschiedenen Formate von Gaskartuschen. Sicherheitshalber sollte man einen Adapter mitnehmen, der die Wahlmöglichkeiten erweitert. Weiterhin ist zu bedenken, ob der Betrieb des ausgewählten Kochers in der Zielregion problemlos erlaubt ist. In Naturschutzgebieten und Gegenden mit Waldbrandgefahr wird das Entfachen offener Feuer mit gutem Grund sehr streng geahndet: Es bringt ganz erhebliche Gefahren mit sich, deren Auswirkungen weit mehr als nur das Fleckchen Grün betreffen, auf dem man es sich für die Rast gemütlich gemacht hat. Aus diesem Grund sollte schon vor Reiseantritt bedacht werden, ob der Kocher, für den man sich entscheiden will, die Umgebung durch Funkenflug oder direkte Entzündung gefährdet oder ob das Feuer eher im Gehäuse bleibt. In Wasserschutzgebieten darf keinesfalls mit flüssigen Brennstoffen hantiert werden, weil diese in den Boden einsickern und das Grundwasser gefährden können.

> **→ WICHTIG**
>
> Richten Sie Ihr Handeln nicht nur an Verboten und Strafandrohungen aus, sondern auch an Kriterien der Vernunft. Vermeiden Sie Umweltbelastungen und Waldbrände.

Es ist außerdem zu beachten, ob am Zielort vielleicht eine feste Feuerstelle vorhanden ist, beispielsweise ein Grillplatz. In der Regel darf man dann auch nur dort Feuer machen. Das Kochgerät sollte hierfür geeignet sein. In Privatzimmern, Hotels, Jugendherbergen und ähnlichen Einrichtungen ist es normalerweise nicht erlaubt, Feuer zu machen; der Betrieb von Verbrennungskochern scheidet dort also aus. Abgesehen davon können in solchen Örtlichkeiten keine Kocher verwendet werden, die sowieso nicht für geschlossene Räume vorgesehen sind. Schließlich sollte auch überlegt werden, ob sich der Kocher mit dem Kochgerät verträgt, das am Zielort vorhanden ist oder auf die Reise mitgenommen werden soll. Normalerweise sollte sich die für das Kochgerät geeignete und vorgesehene Energiequelle auch am Reiseort beschaffen lassen. Eine Not-Kochmöglichkeit für alle Fälle kann auf der Reise vor unangenehmen Überraschungen schützen.

Draußenkochen im Notfall

In **Notfällen** spielen die hier vorgestellten alternativen Kochsysteme ihre Vorteile voll aus: Sie schaffen Unabhängigkeit, weil man auf verfügbare Energieträger ausweichen kann, und sie stellen die Zubereitung guter Mahlzeiten ohne besondere Einschränkungen sicher. In vielen Fällen erhöhen sie sogar den Erlebnis- und Geschmackswert des Essens.

Hervorragende Not-Kochsysteme sind der Grapen (Potjie) und der Dutch Oven, weil sie sehr vielseitig sind und mit verschiedenen Energieträgern betrieben werden können. Wenn man sie besitzt und dazu einen nicht zu großen Vorrat an Grillbriketts oder Brennholz für Notfälle anlegt, kann man auch längeren Versorgungsengpässen ziemlich gelassen entgegensehen. Als äußerst vielseitige Kochstelle hat sich der Rocket Stove bewährt, der in seiner aufgemauerten Form als Germanenherd in den Trümmern europäischer Städte Menschen buchstäblich vor dem Verhungern bewahrt hat. Der wichtigste Vorteil dieser Kochstellen liegt in ihrer Fähigkeit, alles verarbeiten zu können, was brennbar ist. Demgegenüber sind Kleinkocher zwar als Kochstellen ebenfalls denkbar, jedoch wegen ihrer kleinen Maße eher als Kochmöglichkeit für unterwegs gedacht. Doch schon ein zusammenklappbarer Pfannenknecht

kann als einfachster Notkocher dienen, weil man auf ihm auch mit dem großen Kochtopf arbeiten kann und er als Energiequelle nur irgendeine Art von Feuer braucht.

Ein besonders empfehlenswerter Wasserkocher für Notfälle ist der Kelly Kettle. Als Kocher für Topf oder Pfanne wird er nicht ausreichen, aber wenn es um die schnelle und äußerst brennstoffunabhängige Erhitzung von Wasser geht, ist er nicht zu übertreffen. Sinnvoll wegen seines sehr sparsamen Verbrauchs ist auch der Cobb-Grill.

Immer wieder kommt der Autobahnverkehr in unseren Wintern zum Erliegen, und die Reisenden können froh sein, wenn sie Decken im **Auto** haben. Eine heiße Suppe kann da weit mehr als nur psychisch helfen, sie führt dem Körper Wärme zu und hilft ihm, die eiskalten Nachtstunden zu überstehen. Es ist aber in der Regel nicht möglich, einfach neben der Stauschlange eine Kochstelle aufzubauen – sei es, weil sich die Kolonne unerwartet in Bewegung setzt und man Kocher und Geschirr schnell wegräumen möchte, sei es aufgrund feuerpolizeilicher Bestimmungen oder auch wegen starken Windes: Man macht es allein schon deshalb nicht,

Notkocher für Gourmets. Zum Raclette nimmt man etwas Brot und fertig.

weil man das Auto ungern verlassen will. Eine sehr gute Möglichkeit, trotzdem etwas zu kochen, bietet wiederum der Kelly Kettle, den man gewissermaßen aus der Autotür heraus anzünden und dann neben dem Auto in den Schnee stellen kann. Das in ihm enthaltene Feuer ist vergleichsweise klein und kontrollierbar, außerdem ist es fast vollständig eingeschlossen und erlischt bei richtiger Brennstoffdosierung früh genug. Ist es erloschen, kann man die heiße Kanne hereinholen und mit dem Wasser Tütensuppen, Instantkaffee, Babynahrung und vieles mehr zubereiten. Auch für Nudelgerichte braucht man nicht unbedingt den Topfaufsatz. Es gibt Instant-Nudelgerichte, die mit einer geringen Menge kochenden Wassers quellen und nach fünf Minuten fertig sind. Vor allem wegen dieser Vorteile – Sicherheit und schnelle Wegräumbarkeit – ist dies vielleicht die geeignetste Möglichkeit, sich über eine solche kalte Staunacht zu helfen. In diesem Zusammenhang sollen die fürs Auto erhältlichen Kaffeemaschinen nicht unerwähnt bleiben, die man mit der Bordspannung betreiben kann. Wer das ein paar Mal macht, schwächt allerdings die Autobatterie erheblich. Vom Kochen im Auto ist dringend abzuraten. Davon geht immer Brandgefahr aus, und es werden gesundheitsschädliche Abgase freigesetzt.

Über das mobile Kochen **auf Reisen** wurden grundsätzliche Dinge bereits gesagt. Das behelfsmäßige Kochen bei unerwarteten Zwischenfällen wird auf einer Reise immer das Improvisationstalent des Reisenden herausfordern, da wahrscheinlich gerade der für die Situation am besten geeignete Kocher nicht mitgenommen worden ist. Sofern es die Gegebenheiten zulassen und offene Feuer weder verboten noch gefährlich sind, wird man sich mit dem Kochfeuer oder dem zusammenfaltbaren Hobo-Kocher behelfen können. Wer etwas mehr Platz im Gepäck hat, hat eventuell einen Hobo-Kocher oder einen Holzgaskocher mit aktiver Belüftung mitgenommen. Diese drei Kochmöglichkeiten lassen sich behelfsmäßig mit den verschiedensten Kochgeräten verwenden, sie machen Gebrauch von einem allgegenwärtigen Brennstoff und bereiten weder an der Flughafenkontrolle noch im Gepäck besondere Schwierigkeiten. Eine kompakte Kochmöglichkeit, die Holz verbrennt, wird sich in den meisten Weltgegenden immer als flexibelste und geeignetste Kochgelegenheit für Notfälle erweisen. Sofern das behelfsmäßige Kochen in Innenräumen erforderlich ist, ist der Spiritusbrenner eine geeignete Möglichkeit. Auch der Gaskartuschenkocher kann behelfsmäßig verwendet werden, allerdings kann man den dafür erforderlichen Brennstoff nicht im Flugzeug mitnehmen. Zu achten ist auf gute Belüftung! Gleiches gilt für den

Esbit-Taschenkocher, dessen zusätzlicher Nachteil in einer moderaten Gesundheitsbelastung liegt.

Die wahrscheinlichste Form des Notfallkochens ist das **Kochen bei Stromausfall**. Wenn die Versorgung mit elektrischem Strom ausfällt, funktioniert weder die reguläre Hausbeleuchtung noch der Elektroherd. Kochplatten, Tauchsieder, Wasserkocher und andere Küchenhelfer fallen dann ebenfalls aus. Unter den in diesem Handbuch vorgestellten Kochern und Hitzequellen sind nur solche für den Betrieb im Haus geeignet, deren Betrieb ungefährlich ist und die keine schädlichen Abgase freisetzen. Holz, Kohle, Petroleum und Benzin scheiden deshalb komplett aus. Als Brennstoffe kommen allenfalls Gas, Esbit und Spiritus in Betracht – und dies nur bei ausreichender Lüftung. Es sollte stets bedacht werden, wie schnell sich die Abgase dieser Brennstoffe bei unzureichender Lüftung in der Raumluft anreichern und daher eine Gefährdung darstellen. Auch auf Teelichtern kann man kochen und backen, beispielsweise (in drei Stunden) ein Brot. Dieses Spezialgebiet der Krisenvorsorge sei jedoch hier nur am Rande erwähnt, weil es besondere Vorbereitungen beim Kochgeschirr nötig macht. Auch der Kelly Kettle kann, mit einem ungefährlichen und geeigneten Brennstoff versehen, zum echten Notkocher werden, weil er aufgrund der großen Fläche die Energie sehr gut nutzt und mit dem Kochen sehr schnell fertig ist. Bei Verwendung eines Spiritusbrenners sollte die Kaminöffnung mit einem Blechstück um zwei Drittel geschlossen werden, damit die Hitze möglichst lange im Kamin verbleibt.

Wenn es im Haus einen Kaminofen gibt, kann dieser sehr gut zum Kochen verwendet werden, indem man das Kochgefäß einfach auf eine geeignete Stelle des Ofens stellt.

→ WICHTIG

Die einzige Kohle, die im Haus außerhalb eines geeigneten Ofens verwendet werden darf, ist der Räucherkegel. Alles andere ist zu gefährlich, weil unvollständige Verbrennung zur Freisetzung von giftigem Kohlenmonoxid führen kann!

Bei Eintritt größerer **Krisensituationen** kommt es wahrscheinlich nicht nur zum Ausfall der Stromversorgung, sondern auch zu Engpässen beim Trinkwasser. Das Krisenkochen erfordert deshalb nicht nur Lösungen bezüglich der Kochstelle, sondern auch mit Blick auf eine alternative Wasserversorgung. Die einfachste Aufbereitung von Wasser, das Abkochen, erfordert wiederum eine geeignete, leistungsfähige Kochstelle. Es ist deshalb wichtig, sich schon im Vorfeld einer eventuellen Versorgungskrise Gedanken darüber zu machen, wie man an sauberes Wasser kommt und womit man kocht. Als Anregung seien hier drei bereits erwähnte hervorragende und einfache

Aufbereitungsmethoden für Wasser in Erinnerung gerufen: erstens die mehrtägige Bestrahlung wassergefüllter **PET-Flaschen** mit keimtötendem Sonnenlicht, zweitens die Entkeimung kleinerer Wassermengen mit dem **Steripen** und drittens die Anschaffung eines Keramik-Gravitationsfilters, wie man ihn beispielsweise von **British Berkefeld** bekommen kann. Die Filterkerzen halten sehr lange und lassen sich zur Not mit einem neuen Scheuerschwamm ganz gut reinigen. Wie bei der Wahl der Kochstellen empfiehlt es sich auch hier, parallel auf mehrere Systeme zu setzen, denn immer kann eines ausfallen. Da im Fall einer Krisensituation regelmäßig auf Rundfunkmeldungen geachtet werden sollte, ist ein möglichst energieunabhängiges Notfallradio bereitzuhalten.

→ **ZEHN DINGE, DIE IM NOTFALL ZÄHLEN**

- Lebensmittelvorrat
- Brennstoffvorrat
- Geeignete Kochmöglichkeit
- Trinkwasseraufbereitung
- Funktionierende Feuerzeuge
- Notbeleuchtung
- Transportmöglichkeit
- Verbandszeug
- Geldreserve
- Radiogerät

Die Kunst des Reisens liegt auch in der geschickten Auswahl der Ausrüstung.

AUSRÜSTUNGS-VORSCHLÄGE

Wenn man eine Tageswanderung macht, eine Woche zeltet oder sich zuhause für Notfälle vorbereiten will, ist genau zu überlegen, für welche Ausrüstung man sich entscheidet. Es gibt keine Listen, die für jedes Zielland und jede Jahreszeit gelten. Wenn Sie dieses Buch bis hierhin gelesen haben, sind Sie in der Lage, jede vorgestellte Kochmöglichkeit richtig einzuschätzen und sich dann auf eine geeignete Kombination festzulegen. Die Zusammenstellung der Ausstattung hängt natürlich auch sehr davon ab, was Sie unterwegs essen möchten und welche Geräte Sie überhaupt angeschafft haben. Die nachfolgend zusammengestellten Vorschläge sind daher eher als Anregung gedacht.

TAGESAUSFLUG

- [ ] Fertigessen mit ausreichend Wasser.

- [ ] Kleines Campingkochzeug mit Spiritusbrenner oder Kelly Kettle.

- [ ] Bei gutem Wetter: Esbit-Taschenkocher.

- [ ] Mit dem Auto: Muurikka oder Dutch Oven für Picknick. Alternative: fertig gefüllte Sandwicheisen und schnellzündende Kohle.

MEHRTAGESWANDERUNG

- [ ] Für Kleingerichte Brotbackform oder kleiner Dutch Oven aus Aluminium oder leichte Pfanne.

- [ ] Falls kein Feuerholz zu erwarten ist: kompakter Benzinkocher oder drei Trangia-Brenner mit ausreichend Spiritus. Alternative: Trangia-Sturmkocher.

- [ ] Fertigessen für zwei Tage, dazu frisches Gemüse und geeignet verpacktes Fleisch.

- [ ] Kelly Kettle für Fertigessen und Kaffee.

- [ ] Steripen zur Wasseraufbereitung.

- [ ] Mit dem Auto: großer Dutch Oven oder große Muurikka, dazu Grillbriketts. Alternative: Cobb-Grill. Gravitationswasserfilter oder ausreichend Trinkwasser.

FERNREISE

- [ ] Fertigessen. Trockengemüse und Teigwaren für vier bis fünf Tage, ansonsten Verpflegung am Zielort.

- [ ] Bei größeren geplanten Wanderungen: Hobo-Kocher.

- [ ] Handliches Kochgeschirr.

- [ ] Steripen zur Wasseraufbereitung.

- [ ] Mit dem Auto: je nach Vorliebe großer Dutch Oven oder Grapen als Universalgerät, dazu Pelletbrenner als Feuerstelle. Alternative: Pfanne, kleiner und großer Kochtopf und Rocket Stove. Gravitationswasserfilter und für die Wanderungen Trinkflaschen.

- [ ] Im Flugzeug: handlicher Kocher mit leerem Tank oder Hobo-Kocher. Alternative: Kelly Kettle mit Kochaufsatz.

Ausrüstungsvorschläge

KRISENVORSORGE

☐ Mehrere Kochtöpfe, Dutch Oven, Grapen und Pfannen.

☐ Fest aufgebauter Germanenherd oder Rocket Stove für die Töpfe, Feuerstelle, zusätzlich als Hilfsfeuer ein oder zwei Hobo-Kocher. Alternative: geschlossener Grill.

☐ Zwei Brotbackformen.

☐ Ausreichender Brennstoffvorrat (Holz, Briketts).

☐ Lebensmittelvorrat.

☐ Für kurzfristige Notfälle Fertigessen für zehn Tage.

☐ Mindestens zwei Starklichtlampen oder LED-Laternen.

☐ Steripen und Gravitationswasserfilter zur Wasseraufbereitung, Brauchwasservorrat (z. B. gefüllte Regentonne).

Bildnachweis: Archiv A. Glück: S. 15, 17, 19, 20, 23, 24, 30, 32, 35, 36, 37, 40, 41, 42, 48, 49, 50, 51, 52, 57, 61, 63, 81, 84, 86, 87, 92, 120, 127, 130, 133, 136, 137, 139 oben, 140, 142, 143, 144, 147 oben, 148, 151, 152, 154 unten; 155, 156, 157, 160, 161, 162, 165 oben, 166, 167, 173; Boska: 132, 171; Denk-Keramik: S. 7, 46, 99, 165 unten; Eisengießerei Torgelow: S. 94; Fotolia: S. 5 (Warren Goldswain), 6 (CandyBox Images), 163 (Jens Ottoson); FSC Deutschland: S. 27; Hammarö: S. 31; http://fotowettbewerb.hispeed.ch: S. 153; http://petro.wikia.com: S. 158; Josh Jackson: S. 139 unten; Kandeko: S. 45; Katadyn: S. 9, 47, 79, 80; Kelly Kettle Company: S. 11, 164 (Linzee Druce); Manufactum: S. 136; Pro-Idee: S. 100; Siemens: S. 77; Skeppshult: S. 100, 104, 105, 110; Teutoburger Ölmühle: S. 15; Wikimedia commons: S. 22 (Autor: BPA Riedl/Llez), 65 (Autor: Weber be), 89 (Autor: Michael Frieboese), 116 (Autor: Loyna); Wikipedia: S. 147 unten, 154 oben; www.designersopen.de: S. 159; www.forum-kroatien.de: S. 112. Alle anderen Fotos stammen vom Verfasser.

BEZUGSQUELLEN

Albert Turk GmbH & Co. KG
Mühlhofe 8
D-58540 Meinerzhagen
Tel.: +49 23 58/27 27-0
info@albert-turk.de   www.turk-metall.de
geschmiedete Eisenpfannen, Kohlenzangen, Zubehör

Authentex Werbeproduktionen
Rosalie Hüschen
Kellershaustraße 20
D-52078 Aachen
Tel.: +49 241/53 10 27 50
info@authentex.de   www.authentex.de
Bellman Herdkocher

Barbecue Point
Barbara Naschenweng
Bahnstraße 36
A-2201 Gerasdorf
Tel.: +43 664/24 24 135
office@barbecue-point.at
www.barbecue-point.at
Dutch Oven (Noname), Cobb-Grill, Räucherzubehör, Tatarenhut

BBQ County
Tobias-B. Kimmel
Klosterstraße 23
D-65554 Limburg
Tel.: +49 64 33/91 86 48
Mobil: +49 151/59 16 49 35
info@bbq-county.de www.bbq-county.de
Dutch Oven, Grills, Zubehör

Boska Holland
Spanjeweg 8
NL-2411 PX Bodegraven
Tel: +31 172/61 15 02
c.haring@boska.com www.boska.com
Mini-Raclette, Käsefondue

Camping Gaz (Deutschland) GmbH
Ezetilstraße 5
D-35410 Hungen-Inheiden
Tel.: +49 64 02/890
info@campingaz.de   www.campingaz.de
Coleman-Starklichtlampen, Campingaz-Gaslaternen

Cobb Germany
Elmevej 8
DK-7870 Roslev
Dänemark
Tel.: +49 177/53 88 677
cobb@cobb-grill.de   www.cobb-grill.de
Cobb-Grill

DENK Keramische Werkstätten e.K.
Fabian Denk
Neershofer Straße 123-125
D-96450 Coburg
Tel.: +49 95 63/20 28
info@denk-keramik.de
www.denk-keramik.de
Schmelzfeuer, Zwergenfeuer

Get Gear-Vertrieb
Andreas-Kasperbauer-Straße 10a
D-85540 Haar
Tel.: +49 89-45 23 088-0
wolfgang@getgear.eu www.getgear.eu
SOTO-Laterne, Gaskocher

Grill-Shop Scheidegger
Welschlandstraße 2
CH- 4922 Bützberg
Tel: +41 62/963 09 31
info@grillundgewuerz-shop.ch
www.grillundgewuerz-shop.ch
Knoblauchröster

Grillstar
Dieselstraße 97
D-33334 Gütersloh
Tel.: +49 5209/597 32 10
info@grillstar.de   www.grillstar.de
Knoblauchröster

Hydro-Shop fbw GmbH
Kellerbleek 3
D-22529 Hamburg
Tel.: +49 40/50 01 72-40
info@hydroflow.de   www.hydropath.de
Wasserfilter von British Berkefeld

Kandeko GmbH
Hafenweg 31
D-48155 Münster
Tel.: +49 251/14 10 22 17
info@kandeko.de   www.kandeko.de
Feuerschale

Katadyn Deutschland GmbH
Nordendstraße 76
D-64546 Mörfelden-Walldorf
Tel +49 61 05/45 67 89
Fax +49 61 05/45 8 77
info@katadyn.de   www.katadyn.com
Optimus-Campingkocher, Katadyn-Filtergeräte,
Fertignahrung »Treck'n Eat«

Kelly Kettle Company
Newtown Cloghans
Ballina, County Mayo
Ireland
www.kellykettle.com
Kelly Kettle

Künzi Creative Concepts
Roland Künzi
Reinertstraße 6
CH-4515 Oberdorf
Tel.: +41 32/621-48 65
mail@kuenzi.com   www.kuenzi.com
Hobo-Kocher

Kupfermanufaktur Weyersberg GmbH
Schloß Weitenburg
Weitenburg 1
D-72181 Starzach
Tel.: +49 7457/93 18 300
weyersberg@kupfermanufaktur.com
www.kupfermanufaktur.com
Bräter und andere Skeppshult-Produkte

LiteXpress GmbH
Dülmener Straße 92
D-48653 Coesfeld
Tel.: +49 25 41/96 78 70
info@litexpress.de
www.litexpress.com
LED-Laternen

Manufactum GmbH & Co. KG
Hiberniastraße 5
D-45731 Waltrop
Tel.: +49 23 09/93 90 0
info@manufactum.de   www.manufactum.de
Feueranbläser, Werkzeughalter, Aladdin-Lampe,
Feuerhand-Sturmlaterne, Petromax-Starklichtlampe

Bezugsquellen

Nielsen Outdoor Solutions ApS
Oesterbro 4
DK-5690 Tommerup
Tel.: +45 70 20/7674
psp@nielsenoutdoor.eu
www.nielsenoutdoor.eu
Rome Pie Irons, Waffeleisen

Nigor Net B.V.
P. O. Box 92257
NL-1090 AG Amsterdam
Vital Stove, Eureka-Laternen

Optamit GmbH
Toyota-Allee 43
D-50829 Köln
Inova-Taschenlampen

Pie Iron.de
Markus Laspeyres und Andreas Hoffmann GbR
Geschwister-Scholl-Straße 18
D-14471 Potsdam
Tel.: +49 331/95 12 067
info@pieiron.de   www.pieiron.de
Rome Pie Irons, Waffeleisen

Potjierie Michael & Tanja Frieböse GbR
Ruppaner Straße 6+8
D-81829 München
mike@potjiekos.de   www.potjierie.de
Tel.: +49 89/55 29 83 23
Potjies, Potjie King, Brotbackform

Pro-Idee GmbH & Co. KG
Gut-Dämme-Straße 4
D-52070 Aachen
info@proidee.de   www.proidee.de
Tel.: +49 241/109 21
Gürtel, Gewürzschneider Procute, Mini-Raclette

Schwedes Chroma Kochmesser KG
Rosasgasse 36/2.05
A-1120 Wien
office@chroma-kochmesser.at
www.chroma-kochmesser.at
Tel.: +43 1/890 17 87
Gewürzschneider Procute

Spenton LLC
james.becker@spenton.com
www.spenton.com
Holzkocher

Steripen Europe
Windmolen 22
NL-7609 NN Almelo
Tel.: +31 548/65 90 50
europe@steripeneurope.eu
www.steripeneurope.eu
Steripen Wasserentkeimungsgeräte

Swiss Advance by Think Industry Ltd.
Chamer Straße 44
CH-6300 Zug
Tel.: +41 41/71 21 714
peter@swiss-advance.com
www.swiss-advance.com
Salz-Pfeffer-Streuer, Räucherkräuter

Syafi Salam
210 Lebuhraya Sultan Abdul halim
05400 Alor Setar, Kedah, Malaysia
phoenixstoves@gmail.com
www.phoenixstoves.com
Rocket Stoves

Venatus
Büchsenmacher-Verlag GmbH
Pastorenberg 4
D-31167 Bockenem
Tel.: +49 50 67/24 71 50
info@venatus.de   www.venatus.de
Lodge Dutch Oven, Pfannenknecht, Deckelheber, Reflektorofen

Windysmithy
www.windysmithy.co.uk
windysmithy@gmail.com
(handgefertigte Zeltöfen)

Wooddesign e. K.
Manuela Rassweiler
Dr.-Wallner-Straße 11
D-82398 Polling
Tel.: +49 881/92 45 171
info@macani-wooddesign.de
www.ecoboards.de
Schneidbretter aus Kampherlorbeerholz

XyloTrade GmbH
Riedmattstraße 12
CH-8513 Rümlang
Tel.: +41 43/53 84 801
info@xylotrade.ch   www.xylotrade.ch
Hammarö-Pelletbrenner und -Zündpapier